全省“八五”普法统编教材

江西省
重点普及法律法规
以案释法(2025)

U1068949

◎ 江西省司法厅 编

江西人民出版社
Jiangxi People's Publishing House
全国百佳出版社
江西教育出版社
JIANGXI EDUCATION PUBLISHING HOUSE
· 南昌 ·

图书在版编目（CIP）数据

江西省重点普及法律法规以案释法. 2025 / 江西省司法厅编. -- 南昌 : 江西人民出版社 : 江西教育出版社，2025.6. -- ISBN 978-7-210-16598-9

Ⅰ. D920.5

中国国家版本馆CIP数据核字第20258TE010号

江西省重点普及法律法规以案释法（2025）

JIANGXI SHENG ZHONGDIAN PUJI FALÜ FAGUI YI AN SHI FA(2025)

江西省司法厅 编

策　　划：王珊珊　杨崇刚
责任编辑：陈　茜　李永山
责任校对：姚佳琦
封面设计：小　薇
出版发行：江西人民出版社 Jiangxi People's Publishing House 全国百佳出版社　江西教育出版社 JIANGXI EDUCATION PUBLISHING HOUSE
地　　址：江西省南昌市三经路 47 号附 1 号（江西人民出版社）
　　　　　江西省南昌市学府大道 299 号（江西教育出版社）
邮　　编：330006
网　　址：www.jxpph.com
编辑部电话：0791-86898316
发行部电话：0791-86898815
承 印 厂：江西新华印刷发展集团有限公司
经　　销：各地新华书店
开　　本：720 毫米 ×1000 毫米　1/16
印　　张：15
字　　数：202 千字
版　　次：2025 年 6 月第 1 版
印　　次：2025 年 6 月第 1 次印刷
书　　号：ISBN 978-7-210-16598-9
定　　价：30.00 元
赣版权登字 -01-2025-267

版权所有　侵权必究

赣人版图书凡属印刷、装订错误，请随时向江西人民出版社、江西教育出版社调换。

服务电话：0791-86898820（江西人民出版社）、0791-86708029（江西教育出版社）

本书编委会

主　任：龚惠民

副主任：吴　鹏

成　员：吴奕斌　黄解明　吴永春

钟　瑜　曹雯芹　徐月兰

编写说明

为推动习近平法治思想和新颁布新修改法律法规的学习宣传和贯彻实施，结合江西省实际，2025年在全省公民中重点宣传普及《中华人民共和国农村集体经济组织法》《中华人民共和国突发事件应对法》《中华人民共和国国防教育法》《中华人民共和国文物保护法》《中华人民共和国消费者权益保护法实施条例》《公平竞争审查条例》《法规规章备案审查条例》《江西省献血条例》《江西省湿地保护条例》。

为便于各地各部门全面准确地宣传普及上述“四法五条例”，我们组织编写了《江西省重点普及法律法规以案释法(2025)》。本书内容丰富，形式新颖，具有很强的权威性和可读性，是今年全省普法统一教材和普法考试参考读物，可供各地各部门学习宣传和教育培训使用。

参与本书编写的人员有：肖鹏、董蕾、肖小波、汤建宁(第一章)，徐长根、胡成明、王洪伟、邓增凯、欧阳昱(第二章)，汤飞、刘绍昆、温开博、刘忠游(第三章)，肖嗣逢(第四章)，程宇(第五章)，郑俐洪(第六章)，晏书亮(第七章)，范为民、鲍旦(第八章)，李俊文、俞长好、刘媛、李朝阳、敖卿鑫、胡晔(第九章)。初稿完成后，由吴永春、钟瑜、曹雯芹、徐月兰、吴笛同志负责统稿，吴鹏、吴奕斌、黄解明同志审稿，龚惠民同志最后审定。本书的编写得到中共江西省委宣传部、江西省农业农村厅、江西省文化和旅游厅、江西省卫生健康委员会、江西省应急管理厅、江西省林业局、江西省市场监督管理局等单位的大力支持，本书的出版得到江西人民出版社、江西教育出版社的悉心指导，在此一并致谢！

由于时间仓促，加之水平有限，疏漏和不足之处在所难免，恳请读者批评指正。

江西省司法厅

2025年6月

目　录

09 第九章 江西省湿地保护条例

第一章

中华人民共和国农村集体经济组织法

（法律条文）

（自测题）

《中华人民共和国农村集体经济组织法》(以下简称《农村集体经济组织法》)于2024年6月28日第十四届全国人民代表大会常务委员会第十次会议通过,自2025年5月1日起施行。《农村集体经济组织法》就农村集体经济组织成员的确认、农村集体经济组织的登记与合并和分立、组织机构、财产经营管理和收益分配、扶持措施、争议的解决和法律责任等作了系统规定,对于巩固完善社会主义基本经济制度和农村基本经营制度,维护广大农民群众根本利益、实现共同富裕,健全农村治理体系,巩固党在农村的执政基础等具有重要意义。

一、典型案例分析

(一)王某军与王家庄村民小组集体经济组织成员身份确认案

【基本案情】

王某军出生在王家庄村民小组,他一直在该村民小组居住、生活。1999 年王某军考入江西某大学,将户口从王家庄村民小组迁入江西某大学。2003 年王某军考入江苏某高校攻读硕士研究生,户口又迁出江西,落户在江苏某高校。

2003 年底,因修建道路,需要征收王家庄村民小组的部分集体土地,地方政府按照相关规定及时向王家庄村民小组发放了征地补偿费。随后,王家庄村民小组制定征地补偿费分配方案,决定以人口、责任田数额为依据,按 4∶6 的比例进行分配;同时明确,在校学生、参军服役的人员,可以参加按人口的分配,但其户口不在村民小组的,则不能参加按责任田的分配。村民小组的大部分成员签字同意分配方案,其中包括王某军的母亲。随后王某军的父母代领了王某军应分得的按人口分配部分的征地补偿费。

王某军得知情况后找到村民小组负责人,要求参加责任田分配部分的征地补偿费分配。村民小组负责人认为,王某军已经按人口分配比例分得了征地补偿费,他考上大学以后户口已不在本村民小组,也没有责任田,没有理由分得其他征地补偿费。王某军遂向县人民法院起诉,请求自己作为王家庄村民小组集体经济组织成员,参与责任田分配部分的征地补偿费的分配。

【案件结果】

经法院审理认为,王家庄村民小组以王某军户口不在村民小组且没有分得责任田为由,不分配王某军责任田分配部分的征地补偿费的行为侵犯了王某军的合法权益。王家庄村民小组应向王某军补发少分的责任田分配部分的征地补偿费。

【案件评析】

《农村集体经济组织法》第十八条第一款　农村集体经济组织成员不因就学、服役、务工、经商、离婚、丧偶、服刑等原因而丧失农村集体经济组织成员身份。

本案争议的焦点在于,户口迁出是否就丧失农村集体经济组织成员身份。王某军属于在校大学生,虽然其户口迁入所在学校,但其并未自愿退出农村集体经济组织,农村集体经济组织不得取消其成员身份。所以,王某军应当和其他成员一样平等地享有各项权利。王家庄村民小组的征地补偿费分配方案经过村民会议决定,符合村民自治原则,但其内容应当符合法律的相关规定。

随着社会不断发展,越来越多的农民离开家乡进城务工、经商,大量农村学生考至外地就学,还有些农村青年参军服役,这些暂时离开农村集体经济组织在外工作、就学、服役等的人员,并不必然丧失农村集体经济组织成员身份。依照《农村集体经济组织法》第十一条之规定,农村集体经济组织成员应同时满足户籍在或者曾经在本集体经济组织、与本集体经济组织形成稳定的权利义务关系、以本集体经济组织成员集体所有的土地等财产为基本生活保障这三个要件。

(二)陈某英集体经济组织成员身份确认案

【基本案情】

陈某英出生在 H 市某区陈庄村,随母亲将户口登记在陈庄村,为农业户口。陈某英在陈庄村长大,与家庭成员一起承包了村集体土地,2005 年 H 市市政府统一发放的陈某英家的农村土地承包经营权证书载明:陈某英与母亲等家庭成员共同承包陈庄村农业用地5.32亩，承包期限为1998年1月1日至2027年12月31日。陈某英参加了陈庄村村民委员会的选举活动。

2008年9月，陈某英与该市某区某镇万全村村民吴某坤结婚，婚后未将户口迁入丈夫所在的万全村，而是将户口留在陈庄村，陈某英未在万全村承包村集体土地，也未曾在该村享受过土地补偿费等权益。

2013年陈庄村部分集体土地被征收，村集体依法获得征地补偿费。自2014年以后，村集体先后3次向每位村集体经济组织成员发放征地补偿费共计33 860元。村集体以陈某英系“外嫁女”，不是村集体经济组织成员为由，未向陈某英发放上述征地补偿费。陈某英向区人民法院起诉，主张自己具有陈庄村集体经济组织成员身份，请求陈庄村向其支付征地补偿费33 860元。

【案件结果】

经法院审理认为，陈某英系陈庄村世居村民，自小在陈庄村生产、生活，在陈庄村有承包土地，并参加了陈庄村村民委员会的选举活动。陈某英出嫁后，户口仍留在陈庄村，在嫁入地未曾分配承包地，也未曾获得土地补偿费，应认定陈某英具有陈庄村集体经济组织成员身份。陈庄村集体经济组织应向陈某英给付征地补偿费。

【案件评析】

《农村集体经济组织法》第八条第一款　国家保护农村集体经济组织及其成员的合法权益，任何组织和个人不得侵犯。

第十一条　户籍在或者曾经在农村集体经济组织并与农村集体经济组织形成稳定的权利义务关系，以农村集体经济组织成员集体所有的土地等财产为基本生活保障的居民，为农村集体经济组织成员。

本案主要争议点在于,“外嫁女”陈某英是不是陈庄村的集体经济组织成员,“外嫁女”是否仍具有原集体经济组织成员身份。在《农村集体经济组织法》出台前,司法机关一般从农村集体经济组织的自然共同体特征出发,基本依据为是否以本集体组织成员集体所有的土地等财产为基本生活保障,兼顾是否具有本集体经济组织户籍、是否在本集体经济组织形成较为固定的生产生活关系的判断标准。《农村集体经济组织法》出台后,第十八条第二款规定“农村集体经济组织成员结婚,未取得其他农村集体经济组织成员身份的,原农村集体经济组织不得取消其成员身份”。本案陈某英在陈庄村出生、长大,户籍登记在陈庄村,并与家庭成员共同承包陈庄村集体土地,在陈庄村享有农村土地承包经营权,应当确认其为陈庄村集体经济组织成员。陈某英出嫁后户口仍在陈庄村,其丈夫也是农业户口,陈某英并未在丈夫所在村集体经济组织取得成员身份并享有成员权益,未曾在该村分配承包地及未获得征地补偿费。陈某英依法应当与陈庄村其他成员享有同等权利,有权取得相应的征地补偿费。

(三)冯某琴诉某经济合作社侵害集体经济组织成员权益案

【基本案情】

冯某琴与吴某智结婚后生育儿子吴某财、吴某福,4 人都是 E 市某镇某村经济合作社社员。后吴某福与梅某结婚,生育儿子吴某贵,三人都在该村居住生活。1999 年底,该村经济合作社对该村的责任田实行家庭承包制度,冯某琴家庭以吴某财为户主承包4.06亩责任田。2017 年 7 月,E 市市政府向吴某财一家颁发了中华人民共和国农村土地承包经营权证书,其中载明:承包期限为 2000 年 1 月 1 日至 2029 年 12 月 31 日,承包户家庭成员包括冯某琴、吴某财、吴某福、梅某、吴某贵等 9 人,承包地实测总面积为 7.01 亩。

2018 年 7 月,该村经济合作社的部分集体土地被依法征收。

同年9月，该村经济合作社召开成员大会，讨论并表决通过征地补偿费分配方案，决定按照户籍人口占六成、1999年份责任田承包人口占四成的方案分配征地补偿费。经核算，按户籍人口每人可分配9 691元，按责任田人口每人可分配7 140元。随后，该村经济合作社公示了征地补偿费分配名单，其中，按责任田人口分配的名单中没有冯某琴、梅某和吴某贵等3人的名字。冯某琴等3人向该市人民法院起诉，请求获得按责任田人口分配的征地补偿费共计21 420元。

【案件结果】

经法院审理认为，冯某琴等3人已于2018年前取得该村经济合作社集体经济组织成员身份，应当与该村其他村民一样享有同等权益，该权益不允许也不能由任意当事人的多数表决予以剥夺。因此冯某琴等3人应取得按责任田人口分配的征地补偿费21 420元。

【案件评析】

《农村集体经济组织法》第五十七条第一款　农村集体经济组织成员大会、成员代表大会、理事会或者农村集体经济组织负责人作出的决定侵害农村集体经济组织成员合法权益的，受侵害的农村集体经济组织成员可以请求人民法院予以撤销。但是，农村集体经济组织按照该决定与善意相对人形成的民事法律关系不受影响。

根据《农村集体经济组织法》第五十七条第一款的规定，农村集体经济组织成员大会、成员代表大会、理事会或者农村集体经济组织负责人不得作出侵害农村集体经济组织成员合法权益的决定。土地征收补偿费是对农民集体土地的所有权归于消灭的补偿，受益主体是该集体经济组织成员。在集体土地所有权制度下，农村集体经济组织成员平等享有集体土地的所有权利。本案冯某琴等三人是该村经济合作社集体经济组织成员，并于2017年取得中华人民共和国农村土地承包经营权证，该村经济合作社2018年通过村民会议作出决议，将责任田分配人口限定在1999年责任田承包人，剥夺了冯某琴等三人与其他成员享有同等权益的资格，侵害了冯某琴等三人的合法财产权益。

(四)曲某法与F村土地承包经营权确权纠纷案

【基本案情】

曲某章与曲某法父子系W市H区某街道F村村民。2000年该村按规定开展二轮延包，曲某章作为户主承包了村东南的4.2亩耕地，家庭成员为曲某章和曲某法父子，承包地由二人共同耕种。2011年12月，曲某章作为甲方与乙方某苗木专业合作社签订土地流转合同，双方约定甲方将其4.2亩家庭承包地流转给乙方经营，流转期限自2012年1月1日至2030年12月31日，流转费用为每年每亩600元，乙方应于每年1月10日前将该年度流转费用支付给甲方。合同签订后，双方如约履行。2017年年初，曲某章因病去世，村委会以曲某章去世后应当收回其承包的2.1亩村土地为由，要求某苗木专业合作社自当年2月起向村委会支付2.1亩土地的流转费。曲某法认为其土地承包经营权受到侵害，向区人民法院起诉，请求确认其对家庭承包地的土地承包经营权。

【案件结果】

经法院审理认为，案涉土地系曲某章、曲某法以家庭户为单位承包的，虽然曲某章因病去世，但该家庭户依然存在，曲某法作为该家庭户的成员依然依法享有案涉土地的承包经营权。

【案件评析】

《农村集体经济组织法》第三十七条第一款　集体所有和国家所有依法由农民集体使用的耕地、林地、草地以及其他依法用于农业的土地，依照农村土地承包的法律实行承包经营。

《中华人民共和国农村土地承包法》第十六条第一款　家庭承包的承包方是本集体经济组织的农户。

第二十五条　承包合同生效后，发包方不得因承办人或者负责人的变动而变更或者解除，也不得因集体经济组织的分立或者合并而变更或者解除。

根据《中华人民共和国农村土地承包法》（以下简称《农村土地承包法》）第十六条、第二十五条的相关规定，农村土地承包是以家庭户为单位的，虽然曲某章因病去世，但该家庭户依然存在，曲某法作为该家庭户的成员依然依法享有案涉土地的承包经营权。曲某章在案涉土地的流转合同上签字应系其作为家庭户代表的行为，该行为对曲某法有效，案涉土地已经流转给某苗木专业合作社经营，现土地承包户依然存在，故曲某法作为承包户的成员仍依法享有承包地流转合同项下权利。

二、重点知识解读

（一）农村集体经济组织的特别法人资格

《农村集体经济组织法》第六条　农村集体经济组织依照本法登记，取得特别法人资格，依法从事与其履行职能相适应的民事活动。

农村集体经济组织不适用有关破产法律的规定。

农村集体经济组织可以依法出资设立或者参与设立公司、农民专业合作社等市场主体，以其出资为限对其设立或者参与设立的市场主体的债务承担责任。

1. 农村集体经济组织依法登记取得特别法人资格

农村集体经济组织属于特别法人。《中华人民共和国民法典》

(以下简称《民法典》)第九十六条规定:“本节规定的机关法人、农村集体经济组织法人、城镇农村的合作经济组织法人、基层群众性自治组织法人,为特别法人。”同时,农村集体经济组织特别法人资格应当依法取得,《民法典》第九十九条规定:“农村集体经济组织依法取得法人资格。法律、行政法规对农村集体经济组织有规定的,依照其规定。”考虑到《民法典》制定时,《农村集体经济组织法》还处于起草阶段,《民法典》中的“依法取得法人资格”,为农村集体经济组织法人化提供了原则性框架。《农村集体经济组织法》第六条强调,农村集体经济组织依照本法登记,取得特别法人资格,正是对《民法典》第九十九条规定的回应。

《农村集体经济组织法》第三章规定了农村集体经济组织的组织登记制度,涉及农村集体经济组织登记的基本条件、章程内容、名称和住所、首次登记、合并和分立、变更登记等。《农村集体经济组织法》第二十二条第二款规定:“农村集体经济组织登记办法由国务院农业农村主管部门制定。”因此,农村集体经济组织应当依照《农村集体经济组织法》第三章的相关规定登记,从而取得特别法人资格。值得注意的是,2018 年农业农村部、中国人民银行、国家市场监督管理总局联合发布《关于开展农村集体经济组织登记赋码工作的通知》,规范了农村集体产权制度改革中农村集体经济组织的登记赋码工作。《农村集体经济组织法》第六十五条规定:“本法施行前已经按照国家规定登记的农村集体经济组织及其名称,本法施行后在法人登记证书有效期限内继续有效。”在登记证书有效期限内,农村集体经济组织及其名称可以保持不变;登记证书有效期限届满的,农村集体经济组织应当及时依法进行变更登记。

2.农村集体经济组织不适用破产法律的规定

农村集体经济组织之所以不适用破产法律的规定,主要原因有二。一是从农村集体经济组织本身来看,农村集体经济组织不能破产。《农村集体经济组织法》第二条规定:农村集体经济组织，是指以土地集体所有为基础,依法代表成员集体行使所有权,实行家庭承包经营为基础、统分结合双层经营体制的区域性经济组织。农村集体经济组织是集体所有权的代表行使主体,集体财产的存在,需要设立农村集体经济组织并开展经营管理活动。二是从破产法律规定来看,《中华人民共和国企业破产法》(以下简称《企业破产法》)不适用于农村集体经济组织,该法第一条是:“为规范企业破产程序,公平清理债权债务,保护债权人和债务人的合法权益,维护社会主义市场经济秩序,制定本法。”因此,《企业破产法》规范的是企业法人的破产问题。根据《民法典》规定,企业法人属于营利法人,农村集体经济组织属于特别法人。特别法人不能适用企业法人的相关规定,当然也包括企业法人破产法律的规定。

3. 农村集体经济组织可以设立市场主体

农村集体经济组织可以通过经营性财产参股等方式设立市场主体,从事生产经营活动,这是发展新型农村集体经济的重要途径之一。同时,农村集体经济组织设立市场主体从事生产经营活动，也有效避免了农村集体经济组织的破产风险。

从农村集体经济组织设立市场主体的类型看,可以设立公司、农民专业合作社等市场主体。《民法典》第二百六十八条规定:“国家、集体和私人依法可以出资设立有限责任公司、股份有限公司或者其他企业。国家、集体和私人所有的不动产或者动产投到企业的,由出资人按照约定或者出资比例享有资产收益、重大决策以及选择经营管理者等权利并履行义务。”《农村集体经济组织法》第六条第三款强调,农村集体经济组织设立市场主体的,应当以其出资为限对其设立或者参与设立的市场主体的债务承担责任。因此，农村集体经济组织设立市场主体应当承担有限责任。这就意味着,农村集体经济组织不得出资设立或者参与设立承担无限责任的市场主体。《中华人民共和国市场主体登记管理条例》第二条规定:“本条例所称市场主体,是指在中华人民共和国境内以营利为目的从事经营活动的下列自然人、法人及非法人组织:(一)公司、非公司企业法人及其分支机构;(二)个人独资企业、合伙企业及其分支机构;(三)农民专业合作社(联合社)及其分支机构;(四)个体工商户;(五)外国公司分支机构;(六)法律、行政法规规定的其他市场主体。”从上述市场主体范围规定以及相关法律规定来看,除了设立公司和农民专业合作社外,农村集体经济组织可以设立的非公司企业法人主要包括集体所有制企业、联营企业、中外合资经营企业、中外合作经营企业等,以及有限合伙人身份的有限合伙企业。农村集体经济组织既不能设立需要承担无限责任的普通合作企业或者是作为普通合伙人设立有限合伙企业,也不能设立个人独资企业和个体工商户,两者的设立主体均应当为自然人。

从农村集体经济组织设立市场主体的财产看,农村集体经济组织可以用于出资的财产限于集体经营性财产,集体资源性财产的所有权和公益性财产不得用于出资。《农村集体经济组织法》第四十一条规定,农村集体经济组织可以通过经营性财产参股发展新型农村集体经济。因此,农村集体经济组织对外投资的财产,应当局限于集体经营性财产,主要包括集体所有的土地和森林、山岭、草原、荒地、滩涂上设立的可以依法入市、流转的财产用益物权,集体所有的建筑物、生产设施、农田水利设施,集体所有的资金,集体投资兴办的企业和集体持有的其他经济组织的股权及其他投资性权利,集体所有的无形资产,集体所有的接受国家扶持、社会捐赠、减免税费等形成的财产。

(二)农村集体经济组织成员身份的确认

《农村集体经济组织法》第十一条　户籍在或者曾经在农村集体经济组织并与农村集体经济组织形成稳定的权利义务关系,以农村集体经济组织成员集体所有的土地等财产为基本生活保障的居民，为农村集体经济组织成员。

第十二条第一款　农村集体经济组织通过成员大会，依据前条规定确认农村集体经济组织成员。

1. 农村集体经济组织成员身份的确认标准

《农村集体经济组织法》第十一条是关于农村集体经济组织成员概念的规定。同时，《农村集体经济组织法》第十二条第一款强调："农村集体经济组织通过成员大会，依据前条规定确认农村集体经济组织成员。"因此，《农村集体经济组织法》第十一条也是农村集体经济组织成员身份的确认标准。居民需要同时具备三个法定条件，即户籍关系、权利义务关系和基本生活保障，才能被确认为农村集体经济组织成员。

首先，居民的户籍应当在或者曾经在农村集体经济组织。居民的户籍是否在农村集体经济组织，应当以户口登记为准。根据《中华人民共和国户口登记条例》(以下简称《户口登记条例》)第三条第一款规定："户口登记工作，由各级公安机关主管。"《农村集体经济组织法》之所以强调户籍曾经在农村集体经济组织，主要是考虑户籍迁出农村集体经济组织的情形。《户口登记条例》第十条第二款和第三款、第十一条和第十二条规定了居民因就学、服役、服刑等原因迁出户籍的情形。以服役为例，《户口登记条例》第十一条规定："被征集服现役的公民，在入伍前，由本人或者户主持应征公民入伍通知书向常住地户口登记机关申报迁出登记，注销户口，不发迁移证件。"在农村集体经济组织成员身份确认的实践中，部分地区存在因户籍迁出农村集体经济组织而导致农村集体经济组织成员身份丧失的情形。《农村集体经济组织法》第十八条第一款专门强调："农村集体经济组织成员不因就学、服役、务工、经商、离婚、丧偶、服刑等原因而丧失农村集体经济组织成员身份。"

其次，居民应当与农村集体经济组织形成稳定的权利义务关系。一方面,从权利义务关系的内容来看,居民可以与农村集体经济组织形成的权利义务关系具有多样性。根据《农村集体经济组织法》第十三条和第十四条的规定,农村集体经济组织成员在享有内容丰富的权利的同时,也应当承担相应的义务。上述两条关于农村集体经济组织成员权利义务的规定,可以作为判断居民是否与农村集体经济组织形成权利义务关系的参考。以农村集体经济组织成员的权利为例,《农村集体经济组织法》第十三条第五项规定,农村集体经济组织成员可以依法承包农村集体经济组织发包的农村土地。居民依法享有土地承包经营权的,可以认定为与农村集体经济组织形成了稳定的权利义务关系。另一方面,从权利义务的稳定性来看,居民与农村集体经济组织的权利义务关系,应当具备长期性。以土地承包经营权为例,《农村土地承包法》第二十一条第一款规定:"耕地的承包期为三十年。草地的承包期为三十年至五十年。林地的承包期为三十年至七十年。"再以宅基地使用权为例,《民法典》《中华人民共和国土地管理法》对宅基地使用权并无期限规定,属于长期的权利义务关系。反之,居民与农村集体经济组织之间若是短期的租赁关系,则不能认定两者之间形成了稳定的权利义务关系。

最后,居民应当以农村集体经济组织成员集体所有的土地等财产为基本生活保障。一是从基本生活保障的路径来看,集体所有的土地等财产属于农村集体经济组织成员集体所有,农村集体经济组织成员依法对上述财产享有权利,是实现其基本生活保障的主要路径。《农村集体经济组织法》第十三条第五项至第八项规定:农村集体经济组织成员可以依法承包农村集体经济组织发包的农村土地,依法申请取得宅基地使用权,参与分配集体收益,集体土地被征收征用时参与分配土地补偿费等。居民是否享有上述权利,是判断其是否以集体所有的土地等财产为基本生活保障的重要标准。二是从基本生活保障的水平来看,强调的是集体所有的土地等财产对居民生活来源的补偿作用或者兜底作用。居民收入的多元性以及农业收入占比的整体偏低决定了不能以集体所有的土地等财产产生收入占居民收入的多少来判断是否构成其基本生活保障。

2. 农村集体经济组织成员身份的确认主体

农村集体经济组织是农村集体经济组织成员身份的确认主体。《农村集体经济组织法》第十二条第一款规定，农村集体经济组织应当召开成员大会，依据《农村集体经济组织法》第十一条规定的农村集体经济组织成员身份确认标准，依法决定居民是否具备农村集体经济组织成员身份。《农村集体经济组织法》第二十六条、第二十七条和第二十八条对农村集体经济组织应该如何通过召开成员大会确认农村集体经济组织成员作了详细规定。

《农村集体经济组织法》第二十六条第一款规定，农村集体经济组织成员大会由具有完全民事行为能力的全体成员组成，并将“确认农村集体经济组织成员”明确为成员大会的法定职权之一。根据《农村集体经济组织法》第二十七条规定，农村集体经济组织召开成员大会确认农村集体经济组织成员的，应当将会议召开的时间、地点和审议的事项于会议召开十日前通知全体成员，有三分之二以上具有完全民事行为能力的成员参加；成员大会实行一人一票的表决方式，作出确认农村集体经济组织成员的决定，应当经本农村集体经济组织成员大会全体成员而非参加成员大会成员的三分之二以上同意，本法或者其他法律法规、农村集体经济组织章程对成员大会的表决有更严格规定的，应当依照其规定。值得注意的是，根据《农村集体经济组织法》第二十八条规定，农村集体经济组织成员较多的，可以按照农村集体经济组织章程规定设立成员代表大会，但是成员代表大会不能对确认农村集体经济组织成员作出决定。

(三)集体财产的范围与归属

《农村集体经济组织法》第三十六条　集体财产主要包括：

(一)集体所有的土地和森林、山岭、草原、荒地、滩涂；

(二)集体所有的建筑物、生产设施、农田水利设施；

(三)集体所有的教育、科技、文化、卫生、体育、交通等设施和农村人居环境基础设施；

(四)集体所有的资金；

(五)集体投资兴办的企业和集体持有的其他经济组织的股权及其他投资性权利；

(六)集体所有的无形资产；

(七)集体所有的接受国家扶持、社会捐赠、减免税费等形成的财产；

(八)集体所有的其他财产。

集体财产依法由农村集体经济组织成员集体所有，由农村集体经济组织依法代表成员集体行使所有权，不得分割到成员个人。

1. 集体财产的范围

《民法典》在“物权编”中专门规定了集体所有的不动产和动产的范围，第二百六十条规定：“集体所有的不动产和动产包括：(一)法律规定属于集体所有的土地和森林、山岭、草原、荒地、滩涂；(二)集体所有的建筑物、生产设施、农田水利设施；(三)集体所有的教育、科学、文化、卫生、体育等设施；(四)集体所有的其他不动产和动产。”《农村集体经济组织法》第三十六条第一款所规定的集体财产范围，基本上与《民法典》的规定一致。值得注意的是，《农村集体经济组织法》在现行法律的基础上作了进一步列举，具体如下：

第一，《农村集体经济组织法》第三十六条第一款第三项规定了农村人居环境基础设施集体所有。农村人居环境整治，是实施乡村振兴战略的重要内容之一。《中华人民共和国乡村振兴促进法》（以下简称《乡村振兴促进法》）第三十七条规定："各级人民政府应当建立政府、村级组织、企业、农民等各方面参与的共建共管共享机制，综合整治农村水系，因地制宜推广卫生厕所和简便易行的垃圾分类，治理农村垃圾和污水，加强乡村无障碍设施建设，鼓励和支持使用清洁能源、可再生能源，持续改善农村人居环境。"因此，《农村集体经济组织法》有必要单独写明农村人居环境基础设施集体所有。

第二，《农村集体经济组织法》第三十六条第一款第四项规定了集体所有的资金。从民法原理上看，货币属于动产。基于"占有即所有"的基本规则，货币属于特殊类型的动产。同时，资金管理也是农村集体"三资"管理的重要内容。2021 年财政部、农业农村部联合印发的《农村集体经济组织财务制度》第三条规定："农村集体经济组织应当建立健全财务管理制度，如实反映农村集体经济组织的财务状况。合理筹集资金，管好用好集体资产，建立健全收益分配制度和激励约束机制，加强财务信息管理，完善财务监督，控制财务风险，实现集体资产保值增值，推动集体经济发展。"该制度的第三章专章规定了资金筹集。因此，《农村集体经济组织法》对集体所有的资金作了专门列举。

第三，《农村集体经济组织法》第三十六条第一款第七项规定了集体所有的接受国家扶持、社会捐赠、减免税费等形成的财产。农村集体经济组织的发展，需要国家扶持和社会帮助。《农村集体经济组织法》第九条第一款和第二款规定："国家通过财政、税收、金融、土地、人才以及产业政策等扶持措施，促进农村集体经济组织发展，壮大新型农村集体经济。国家鼓励和支持机关、企事业单位、社会团体等组织和个人为农村集体经济组织提供帮助和服务。”同时，农村集体经济组织依法享有税收优惠。《农村集体经济组织法》第五十条规定：“农村集体经济组织依法履行纳税义务，依法享受税收优惠。农村集体经济组织开展生产经营管理活动或者因开展农村集体产权制度改革办理土地、房屋权属变更，按照国家规定享受税收优惠。”基于对法律体系性的考虑，《农村集体经济组织法》列举了集体所有的接受国家扶持、社会捐赠、减免税费等形成的财产。

2. 集体财产的归属

《民法典》第二百六十一条第一款规定：“农民集体所有的不动产和动产，属于本集体成员集体所有。”因此，集体财产属于本集体成员集体所有。《农村集体经济组织法》第三十六条第二款与《民法典》的规定一致，集体财产依法由农村集体经济组织成员集体所有。成员集体所有，不是成员的个人所有，既不能理解为成员的共同共有，也不能理解为成员的按份共有。因此，《农村集体经济组织法》第三十六条第二款特别强调，集体财产不得分割到成员个人。同时，《民法典》第二百六十二条规定：“对于集体所有的土地和森林、山岭、草原、荒地、滩涂等，依照下列规定行使所有权：（一）属于村农民集体所有的，由村集体经济组织或者村民委员会依法代表集体行使所有权；（二）分别属于村内两个以上农民集体所有的，由村内各该集体经济组织或者村民小组依法代表集体行使所有权；（三）属于乡镇农民集体所有的，由乡镇集体经济组织代表集体行使所有权。”第一百零一条第二款规定：“未设立村集体经济组织的，村民委员会可以依法代行村集体经济组织的职能。”成员集体所有的财产，应当由农村集体经济组织或者村民委员会、村民小组代表成员集体行使所有权。村民委员会代表行使集体所有权的前提是未设立村集体经济组织。因此，农村集体经济组织是基于法律授权，依法代表成员集体行使所有权，而非享有集体财产所有权。

值得注意的是,《农村集体经济组织法》第六十四条规定:“未设立农村集体经济组织的,村民委员会、村民小组可以依法代行农村集体经济组织的职能。村民委员会、村民小组依法代行农村集体经济组织职能的,讨论决定有关集体财产和成员权益的事项参照适用本法的相关规定。”因此,村民委员会、村民小组不能依据《中华人民共和国村民委员会组织法》,而应当依据《农村集体经济组织法》代行农村集体经济组织的职能。

(四)农村集体经济组织的收益分配

《农村集体经济组织法》第四十条　农村集体经济组织可以将集体所有的经营性财产的收益权以份额形式量化到本农村集体经济组织成员,作为其参与集体收益分配的基本依据。

集体所有的经营性财产包括本法第三十六条第一款第一项中可以依法入市、流转的财产用益物权和第二项、第四项至第七项的财产。

国务院农业农村主管部门可以根据本法制定集体经营性财产收益权量化的具体办法。

第四十二条　农村集体经济组织当年收益应当按照农村集体经济组织章程规定提取公积公益金,用于弥补亏损、扩大生产经营等,剩余的可分配收益按照量化给农村集体经济组织成员的集体经营性财产收益权份额进行分配。

1. 农村集体经济组织收益分配的依据

农村集体经济组织收益分配的基本依据是集体经营性财产收益权份额。《农村集体经济组织法》第三十六条第二款明确规定,集体财产不得分割到成员个人。农村集体经济组织量化的既不是集体经营性财产的所有权,也不是所有集体财产的收益权,而是集体经营性财产的收益权。农村集体经营性财产收益权量化的结果是本农村集体经济组织成员享有的份额,并将该份额作为成员参与集体收益分配的基本依据。《农村集体经济组织法》并没有确立集体经营性财产收益权份额设置的具体规则。为了更细致地规范集体经营性财产收益权量化的规则,《农村集体经济组织法》第四十条第三款授权国务院农业农村主管部门可以根据本法制定集体经营性财产收益权量化的具体办法。

农村集体经济组织量化工作中应当注意集体财产和集体经营性财产的差别。农村集体经济组织量化的是集体经营性财产的收益权。《农村集体经济组织法》第四十条第二款明确规定了集体经营性财产的范围:集体所有的土地和森林、山岭、草原、荒地、滩涂上设立的可以依法入市、流转的财产用益物权,集体所有的建筑物、生产设施、农田水利设施,集体所有的资金,集体投资兴办的企业和集体持有的其他经济组织的股权及其他投资性权利,集体所有的无形资产,集体所有的接受国家扶持、社会捐赠、减免税费等形成的财产。同时,并非所有集体所有经营性财产的收益权均可纳入量化的范围。以农村土地为例,根据《农村土地承包法》第三条第二款规定:"农村土地承包采取农村集体经济组织内部的家庭承包方式,不宜采取家庭承包方式的荒山、荒沟、荒丘、荒滩等农村土地,可以采取招标、拍卖、公开协商等方式承包。"农村土地采用家庭承包方式的,农户取得用益物权性质的土地承包经营权后,可以自己经营,也可以保留土地承包权,流转其承包地的土地经营权,由他人经营。农村土地属于《农村集体经济组织法》第三十六条第一款第一项规定的集体所有土地的组成部分。但是,无论是农村土地上设立的土地承包经营权,还是土地经营权流转,其收益均归农户所有,自然不能纳入量化的范围。

2.农村集体经济组织收益分配的顺序

农村集体经济组织收益分配应当遵循的基本顺序是,先提取公积公益金并将之用于弥补亏损、扩大生产经营等,剩余的可分配收益按照量化给农村集体经济组织成员的集体经营性财产收益权份额进行分配。《农村集体经济组织法》并未对公积公益金的提取比例作出明确规定,农村集体经济组织地方立法中的规定也存在差异。有的地方规定了公积公益金的提取比例上限,例如,《黑龙江省农村集体经济组织条例》第四十条第一款规定:"农村集体经济组织可以提取不超过本年度收益百分之二十五的公积公益金,用于发展集体经济、转增股本、弥补亏损和公益事业建设等。"有的地方则没有公积公益金提取比例的具体规定,例如,《四川省农村集体经济组织条例》第三十三条。综合来看,农村集体经济组织公积公益金的提取比例,应当遵循各地公积公益金提取比例的规定,并由农村集体经济组织章程确定。

农村集体经济组织在提取公积金、公益金后,将剩余的可分配收益依据集体经营性财产收益权份额分配给本农村集体经济组织成员。需要注意的是,不宜笼统地将农村集体经济组织的所有收益均归类于可分配收益,应当注意依法甄别。以土地经营权流转中的管理费用为例,《农村土地承包法》第四十五条第二款规定:"工商企业等社会资本通过流转取得土地经营权的,本集体经济组织可以收取适量管理费用。"但是,农村集体经济组织收取的该项管理费用,存在特定用途。《农村土地经营权流转管理办法》第三十一条规定,农村集体经济组织收取的管理费用应当纳入农村集体经济组织会计核算和财务管理,主要用于农田基本建设或者其他公益性支出。因此,土地经营权流转中的管理费用,不属于本条规定的剩余可分配收益。

(五)农村集体经济组织的内部纠纷解决

《农村集体经济组织法》第五十六条　对确认农村集体经济组织成员身份有异议,或者农村集体经济组织因内部管理、运行、收益分配等发生纠纷的,当事人可以请求乡镇人民政府、街道办事处或者县级人民政府农业农村主管部门调解解决;不愿调解或者调解不成的,可以向农村土地承包仲裁机构申请仲裁,也可以直接向人民法院提起诉讼。

确认农村集体经济组织成员身份时侵害妇女合法权益,导致社会公共利益受损的,检察机关可以发出检察建议或者依法提起公益诉讼。

1. 农村集体经济组织内部纠纷解决的路径

农村集体经济组织内部纠纷包括两种类型:农村集体经济组织成员身份确认纠纷和农村集体经济组织因内部管理、运行、收益分配等发生的纠纷。从农村集体经济组织内部纠纷解决的路径看,《农村集体经济组织法》第五十六条第一款规定了调解、仲裁和诉讼的多元化纠纷解决路径,即农村集体经济组织内部发生纠纷的,当事人可以选择调解、仲裁或者诉讼中的任何一种路径,解决相应纠纷。在农村集体经济组织内部纠纷解决的实践中,应当正确理解三种解决路径之间的关系:一方面,三种纠纷解决路径并无先后顺序,不是必须先经过乡镇人民政府、街道办事处或者县级人民政府农业农村主管部门调解,再经过农村土地承包仲裁机构仲裁,最后才能向人民法院提起诉讼;另一方面,三种纠纷解决路径的法律效果不同,当事人请求乡镇人民政府、街道办事处或者县级人民政府农业农村主管部门调解的,如果调解不成,可以向农村土地承包仲裁机构申请仲裁,也可以直接向人民法院提起诉讼,但是,当事人不能申请仲裁或者提起诉讼后,再请求调解。

值得关注的是,仲裁及其与诉讼的关系问题。一是当事人向农村土地承包仲裁机构申请仲裁的,应当遵循《中华人民共和国农村土地承包经营纠纷调解仲裁法》(以下简称《农村土地承包经营纠纷调解仲裁法》)的相关规定。从《农村土地承包经营纠纷调解仲裁法》第二条的规定来看,农村集体经济组织内部纠纷并不当然属于农村土地承包仲裁委员会的受理范围。因此,《农村集体经济组织法》第五十六条第一款扩大了农村土地承包仲裁委员会的受理范围。二是仲裁与诉讼的关系,并非"先裁再诉",而是"可裁可诉"的关系。根据当事人自愿原则,可以申请仲裁,也可以提起诉讼。同时,根据《农村土地承包经营纠纷调解仲裁法》第四十八条规定,仲裁庭就农村土地承包经营纠纷作出仲裁裁决,当事人不服该仲裁裁决的,可以自收到裁决书之日起三十日内向人民法院起诉。逾期不起诉的,裁决书即发生法律效力。

2. 农村集体经济组织成员身份确认中的妇女权益保障

《农村集体经济组织法》第十八条强调,农村集体经济组织成员不因离婚、丧偶等原因而丧失农村集体经济组织成员身份;农村集体经济组织成员结婚,未取得其他农村集体经济组织成员身份的,原农村集体经济组织不得取消其成员身份。这为在农村集体经济组织成员身份确认中维护妇女合法权益提供了坚实的法律保障。为了更好地在农村集体经济组织成员身份确认中保障妇女合法权益,检察机关可以发出检察建议或者依法提起公益诉讼,前提是符合两个条件:一是确认农村集体经济组织成员身份时侵害了妇女合法权益;二是导致社会公共利益受损。

在农村集体经济组织成员身份确认中,应当坚持男女平等原则。《中华人民共和国妇女权益保障法》(以下简称《妇女权益保障法》)第五十五条第一款专门强调,妇女在农村集体经济组织成员身份确认中,享有与男子平等的权利。但是,妇女可能会因为结婚、离婚、丧偶等,导致其农村集体经济组织成员的身份发生争议,而且往往是通过农村集体经济组织章程、成员大会或者成员代表大会决定等方式侵害妇女合法权益。正基于此,《妇女权益保障法》第五十六条第一款规定:“村民自治章程、村规民约,村民会议、村民代表会议的决定以及其他涉及村民利益事项的决定,不得以妇女未婚、结婚、离婚、丧偶、户无男性等为由,侵害妇女在农村集体经济组织中的各项权益。”上述条款中涉及的情形不仅是对当事人合法权益的侵害,而且有损于社会公共利益。因此,《妇女权益保障法》第七十七条强调,侵害妇女合法权益,导致社会公共利益受损的,检察机关可以发出检察建议;确认农村妇女集体经济组织成员身份时侵害妇女权益的,检察机关可以依法提起公益诉讼。《农村集体经济组织法》第五十六条第二款是对《妇女权益保障法》上述规定的立法确认。

三、热点问题聚焦

(一)《农村集体经济组织法》的立法背景

2007 年 10 月 9 日,农业部印发《关于稳步推进农村集体经济组织产权制度改革试点的指导意见》,启动了农村集体产权制度改革的试点工作。2013 年中央一号文件《中共中央 国务院关于加快发展现代农业进一步增强农村发展活力的若干意见》强调“改革农村集体产权制度,有效保障农民财产权利”。之后中央一号文件多次对农村集体产权制度改革提出明确要求。2016 年 12 月 26 日,《中共中央 国务院关于稳步推进农村集体产权制度改革的意见》对农村集体产权制度改革作出了重要部署,明确了农村集体产权制度的重大意义、总体要求,并对农村集体产权制度改革的具体工作提出了相应要求。2021 年底,我国农村集体产权制度改革阶段性任务已经基本完成,其成效主要包括以下三个方面:一是全面完成农村集体资产清产核资,清查核实农村集体资产 7.7 万亿元,集体土地等资源 65.5 亿亩;二是全面确认农村集体经济组织成员身份，共确认集体成员 9 亿人；三是全国乡镇、村、组三级共建立约 96 万个农村集体经济组织，全部在农业农村部门注册登记并领取了农村集体经济组织登记证书。

在农村集体产权制度改革中，厘清集体财产、确认农村集体经济组织成员、建立农村集体经济组织等，均为农村集体经济组织方面的立法提供了强有力的实践支撑。同时，农村集体产权制度改革也存在强烈的立法需求，以更好地巩固和完善农村集体产权制度改革的成果，维护农村集体经济组织及其成员的合法权益。2015 年中央一号文件《中共中央 国务院关于加大改革创新力度加快农业现代化建设的若干意见》提出："抓紧研究起草农村集体经济组织条例。"2016 年《中共中央 国务院关于稳步推进农村集体产权制度改革的意见》规定："抓紧研究制定农村集体经济组织方面的法律。"2017 年至 2019 年，中央一号文件均明确提出了抓紧研究制定农村集体经济组织相关法律的要求。

2018 年，第十三届全国人民代表大会常务委员会立法规划将农村集体经济组织方面的立法明确为第三类项目，要求经研究论证，条件成熟时，可以安排审议。2020 年 6 月，农村集体经济组织法起草领导小组第一次全体会议召开，正式启动起草农村集体经济组织法相关工作。2021 年 6 月，农村集体经济组织法起草领导小组第二次全体会议召开，审议了《农村集体经济组织法草案（初稿）》。2022 年 12 月和 2023 年 12 月，第十三届全国人民代表大会常务委员会第三十八次会议和第十四届全国人民代表大会常务委员会第七次会议分别对《中华人民共和国农村集体经济组织法（草案）》《中华人民共和国农村集体经济组织法（草案二次审议稿）》进行了审议并公开征求意见。2024 年 6 月 28 日，第十四届全国人民代表大会常务委员会第十次会议通过《农村集体经济组织法》，本法自 2025 年 5 月 1 日起施行。

(二)《农村集体经济组织法》的立法目的

《农村集体经济组织法》根据《中华人民共和国宪法》(以下简称《宪法》)制定,其立法目的具体如下:

1.维护农村集体经济组织及其成员的合法权益

《宪法》第八条第三款规定:“国家保护城乡集体经济组织的合法的权利和利益,鼓励、指导和帮助集体经济的发展。”农村集体经济组织属于我国城乡集体经济组织的重要组成部分,其合法权益应当受到保护。《农村集体经济组织法》第五条规定:农村集体经济组织依法代表成员集体行使所有权,应当依法履行经营管理集体财产、服务农村集体经济组织成员等职能。农村集体经济组织的合法权益在其依法履职中得到相应体现,例如,农村集体经济组织有权使用集体经营性建设用地或者通过出让、出租等方式交由单位、个人使用。《农村集体经济组织法》第十三条详细规定了农村集体经济组织成员的权利,既包括农村集体经济组织成员基于农村集体经济组织的利益而享有的权利,例如选举权与被选举权、表决权、监督权等,也包括农村集体经济组织成员基于个人利益而享有的权利,例如承包农村土地的权利、申请取得宅基地使用权的权利、收益分配权等。《农村集体经济组织法》第七章规定了法律责任,任何单位或者个人侵害农村集体经济组织及其成员合法权益的,应当依法承担相应的法律责任。

2.规范农村集体经济组织及其运行管理

在农村集体产权制度改革中,我国已经建立了大量的农村集体经济组织,而且《民法典》已经确立了农村集体经济组织的特别法人资格,但是,农村集体经济组织特别法人资格的取得、成员身份的确认、组织机构的设置与运行、集体财产经营管理等,在国家法律层面并无统一规定。《农村集体经济组织法》系统构建了农村集体经济组织的具体制度规则,保障了农村集体经济组织及其运行管理的规范、有序。例如,《农村集体经济组织法》第三章明确了农村集体经济组织登记的基本条件、章程内容、名称和住所、首次登记、合并和分立、变更登记等内容,第四章规定了农村集体经济组织的机构设置、运行机制等。

3.促进新型农村集体经济高质量发展

2021年中央一号文件《中共中央 国务院关于全面推进乡村振兴加快农业农村现代化的意见》规定:"2021年基本完成农村集体产权制度改革阶段性任务,发展壮大新型农村集体经济。"发展壮大新型农村集体经济,受到高度重视和广泛关注。党的二十届三中全会通过了《中共中央关于进一步全面深化改革、推进中国式现代化的决定》,其中强调:"发展新型农村集体经济,构建产权明晰、分配合理的运行机制,赋予农民更加充分的财产权益。"2025年中央一号文件《中共中央 国务院关于进一步深化农村改革 扎实推进乡村全面振兴的意见》要求:"因地制宜发展新型农村集体经济,不对集体收入提硬性目标,严控集体经营风险和债务。"农村集体经济组织是发展新型农村集体经济的重要力量,《农村集体经济组织法》不但将促进新型农村集体经济高质量发展作为立法目的,而且在立法中多次强调发展新型农村集体经济的重要性,并明确规定了发展新型农村集体经济的途径。《农村集体经济组织法》第四十一条规定:"农村集体经济组织可以探索通过资源发包、物业出租、居间服务、经营性财产参股等多样化途径发展新型农村集体经济。"

4.巩固和完善农村基本经营制度和社会主义基本经济制度

《宪法》第六条第二款规定,国家在社会主义初级阶段,坚持公有制为主体、多种所有制经济共同发展的基本经济制度;第八条第一款规定,农村集体经济组织实行家庭承包经营为基础、统分结合的双层经营体制。《中共中央 国务院关于稳步推进农村集体产权制度改革的意见》强调:"农村集体产权制度改革是巩固社会主义公有制、完善农村基本经营制度的必然要求。”农村集体经济组织是巩固和完善农村基本经营制度和社会主义基本经济制度的重要力量。除了将之作为立法目的外,《农村集体经济组织法》在农村集体经济组织的法律内涵、法律地位和组织原则等方面,均强调应当坚持社会主义公有制。在法律内涵方面,《农村集体经济组织法》第二条规定,农村集体经济组织是以土地集体所有为基础并依法代表成员集体行使所有权的区域性经济组织。集体所有权的有效实现,是坚持社会主义公有制的重要内容。在法律地位方面,《农村集体经济组织法》第三条规定,农村集体经济组织是巩固社会主义公有制的重要主体。在组织原则方面,《农村集体经济组织法》第四条第二项规定,农村集体经济组织应当坚持社会主义集体所有制。同时,依据《宪法》第八条第一款关于农村基本经营制度的规定,《农村集体经济组织法》第二条在法律内涵中作了同样的规定,农村集体经济组织应当实行家庭承包经营为基础、统分结合双层经营体制,并在第二章成员、第四章组织机构和第五章财产经营管理和收益分配中,规定了农村土地承包的相关内容。农村土地承包法律制度的健全,可以更好地实现农村基本经营制度的巩固和完善。

5. 推进乡村全面振兴,加快建设农业强国

党的二十大报告要求:“全面推进乡村振兴。全面建设社会主义现代化国家,最艰巨最繁重的任务仍然在农村。坚持农业农村优先发展,坚持城乡融合发展,畅通城乡要素流动。加快建设农业强国,扎实推动乡村产业、人才、文化、生态、组织振兴。”2024 年中央一号文件《中共中央 国务院关于学习运用“千村示范、万村整治”工程经验有力有效推进乡村全面振兴的意见》规定:“推进中国式现代化,必须坚持不懈夯实农业基础,推进乡村全面振兴。”《乡村振兴促进法》在产业发展、人才支撑、组织建设、城乡融合等方面,对农村集体经济组织作出了明确规定。以产业发展为例,《乡村振兴促进法》第二十一条第二款规定:“国家采取措施支持农村集体经济组织发展,为本集体成员提供生产生活服务,保障成员从集体经营收入中获得收益分配的权利。”再以人才支撑为例,《乡村振兴促进法》第二十八条第三款规定:“乡镇人民政府和村民委员会、农村集体经济组织应当为返乡入乡人员和各类人才提供必要的生产生活服务。农村集体经济组织可以根据实际情况提供相关的福利待遇。”在推进乡村全面振兴、加快建设农业强国中,应当充分发挥农村集体经济组织的重要作用,《农村集体经济组织法》为这一作用的发挥提供了坚实的法治保障。

6.**促进共同富裕**

党的二十大报告规定:“中国式现代化是全体人民共同富裕的现代化。共同富裕是中国特色社会主义的本质要求,也是一个长期的历史过程。”农村集体经济组织与新型农村集体经济的发展,是促进农民共同富裕的物质基础和重要保障。《农村集体经济组织法》除了将促进共同富裕作为立法目的外,还将促进共同富裕作为农村集体经济组织法律地位和组织原则的重要内容。在法律地位方面,《农村集体经济组织法》第三条规定,农村集体经济组织是促进共同富裕的重要主体。在组织原则方面,《农村集体经济组织法》第四条第四项规定,农村集体经济组织应当坚持按劳分配为主体、多种分配方式并存,促进农村共同富裕。党的二十大报告进一步强调:“分配制度是促进共同富裕的基础性制度。”《农村集体经济组织法》第五章规定了农村集体经济组织的收益分配制度,明确了农村集体经济组织收益分配的依据和顺序,这成为促进共同富裕的基本制度保障。

第二章
中华人民共和国突发事件应对法

（法律条文）

（自测题）

《中华人民共和国突发事件应对法》(以下简称《突发事件应对法》)于2007年8月30日第十届全国人民代表大会常务委员会第二十九次会议通过,自2007年11月1日起施行。2024年6月28日,第十四届全国人民代表大会常务委员会第十次会议通过修订后的《突发事件应对法》,自2024年11月1日起施行。这次全面修订,是应急管理法治建设进程中具有里程碑意义的一件大事,将为应急管理事业高质量发展提供有力法治保障。

本章将从突发事件应对案例入手,分析并展示突发事件应对相关法律制度在预防和减少突发事件的发生,控制、减轻和消除突发事件引起的严重社会危害,规范突发事件应对措施和应急管理工作,保护人民生命财产安全等方面具有的重要作用。

一、典型案例分析

(一)高水头大流量管涌群处置案例

【基本险情】

2024年6月中旬开始，江西省持续受到强降雨袭击。受鄱阳湖流域五河及长江来水共同影响，鄱阳湖水位迅速上涨，湖区站点水位相继超出警戒水位。7月3日上午，江西省鄱阳县角丰圩桩号9+100处发生管涌险情，经反滤围井处置后，当晚险情急剧恶化，涌水势头猛烈且伴随大量泥沙。此后涌水向堤脚发展并出现集中渗漏状管涌群，堤身出现变形，堤顶部分下沉，路面出现裂缝，大堤岌岌可危。

面对极为棘手的堤脚区域高水头大流量管涌群，各级党委、政府临危不乱，制订抢险方案，先是调集抢险突击队一百余人前往支援，并调配一艘载量1 000多立方米砂卵石的流动运砂船开赴现场抢险。各级防汛专家处变不惊，根据险情发展沉着应对，步步为营，通过综合应用黏土堵渗、卵石压脚、分级反压(滤)等系列技术措施，打出一套教科书级的堵、压、滤、排“组合拳”，最终化险为夷。

【处置结果】

面对如此复杂多变的重大险情，各级党委、政府领导靠前指挥，省市县专家制订科学的方案，抢险物资保障到位，抢险队伍昼夜拼搏，上下众志成城，保住了大堤，取得了角丰圩抗洪抢险的全面胜利。

【事件评析】

《突发事件应对法》第七十二条　突发事件发生后，履行统一领导职责或者组织处置突发事件的人民政府应当针对其性质、特点、危害程度和影响范围等，立即启动应急响应，组织有关部门，调动应急救援队伍和社会力量,依照法律、法规、规章和应急预案的规定,采取应急处置措施,并向上级人民政府报告;必要时,可以设立现场指挥部,负责现场应急处置与救援,统一指挥进入突发事件现场的单位和个人。

启动应急响应,应当明确响应事项、级别、预计期限、应急处置措施等。

履行统一领导职责或者组织处置突发事件的人民政府,应当建立协调机制,提供需求信息,引导志愿服务组织和志愿者等社会力量及时有序参与应急处置与救援工作。

突发事件发生后的首要任务是进行有效应急处置,最大限度地减少损害、减轻影响。本案例中,管涌险情发生后,当地党委政府迅速启动应急响应,采取应急处置措施,调集应急救援队伍、抢险物资,根据专家意见科学合理处置。当险情恶化后,上一级党委政府立即介入,增派救援力量和物资,采取新的处置措施,确保参与应急处置的各有关部门、应急救援队伍等在政府的统一组织领导下各司其职,形成合力,成功处置突发险情,保障人民群众的生命财产安全。

(二)Y 市 F 县某山“驴友”救援费用追偿舆情引导案例

【基本案情】

2024 年 10 月 25 日,10 名“驴友”来到 Y 市 F 县某山进行徒步登山探险活动,当晚在山下的民宿住宿。10 月 26 日下午,其中 5 名“驴友”不顾民宿负责人的劝阻,擅自进入某未经开发的山区探险,并与民宿负责人约定当日 17 时前返回民宿;18 时 27 分许,民宿负责人见 5 人在约定时间未返回且联系不上,遂报警求助。此次救援行动投入了大量人力、物力资源,调度了专业救援队伍、社会救援力量以及当地相关部门协同作战。经过一系列紧张有序的救援工作，最终这5名“驴友”被成功找到，共花费救援费用2万元。

【案件结果】

2024年11月1日，江西省应急管理厅牵头，会同省法院、省检察院、省司法厅、省消防救援总队及Y市相关人员，就“10·26”F县某山“驴友”失联事件救援责任问题进行会商。11月7日，Y市政府召开警示教育约谈会，省应急管理厅及Y市、F县两级应急管理部门、公安部门负责人，与案涉5名“驴友”面对面交谈，严肃批评其违反政府管理规定，擅自进入未开发区域探险的行为，并要求其作为完全民事责任人承担相应民事责任。5名“驴友”认识到错误，表达对政府关心的感谢，后悔自身的鲁莽行为，承诺不再犯错并签署《具结悔过书》，5人共同承担2万元救援费用。2024年11月8日，该5名“驴友”将依法承担民事责任的2万元救援费用转入F县财政账户，这笔款项将支付给参加救援的社会救援力量和群众。

2024年11月11日，《江西日报》发表《江西首次！五名“驴友”依法承担2万元救援费用》的文章，引发众多媒体的关注和转发。截至2024年11月13日上午8时30分，全网监测到相关舆情数据2 031条，其中微博发布651条、自媒体号发布612条、新闻网和新闻客户端发布422条，话题登上微博热搜，阅读量累计467.7万。舆论关注度高，人民网、央视新闻等中央主流媒体，以及澎湃新闻、红星新闻、封面新闻等地方主流媒体纷纷跟进报道。网民普遍持支持态度，认为让“驴友”承担救援费用合理。2025年1月6日，《人民日报》生态版块头条新闻《“驴友”任性探险，到底谁来埋单》，深入剖析“驴友”违规探险造成的公共资源浪费问题，进一步引发公众对应急救援和规范旅游探险的广泛关注与深入思考。

【案件评析】

《突发事件应对法》第八条第一款　国家建立健全突发事件新

闻采访报道制度。有关人民政府和部门应当做好新闻媒体服务引导工作,支持新闻媒体开展采访报道和舆论监督。

《中华人民共和国旅游法》第八十二条第三款　旅游者接受相关组织或者机构的救助后,应当支付应由个人承担的费用。

在此次事件中,省应急管理厅积极落实《突发事件应对法》第八条第一款的规定,主动引导媒体报道,为媒体提供准确信息,保障了公众的知情权。通过合理引导舆论,政府既让公众了解事件全貌,又避免了不实信息传播,维护了社会稳定。同时,媒体的监督力量,对违规探险行为起到了警示作用,促进了社会公众增强法律意识和安全意识。根据《中华人民共和国旅游法》第八十二条第三款的规定,上述 5 名“驴友”擅自进入未开发区域探险,违反了旅游活动的安全规范,在接受救援后承担相应费用,这是法律规定的具体实践。该案例明确了旅游者在旅游活动中的责任与义务,对于规范旅游市场秩序、保障旅游安全具有重要意义。它向广大旅游者传递了一个信号:个人须对自身的违规冒险行为负责,不能随意浪费公共资源。

救援行动往往需要耗费大量公共资源,包括人力、物力和财力等。本案例中,违规“驴友”承担相应的救援费用,体现了对公共资源合理使用的重视。这一举措有助于避免公共资源被无端浪费,使有限的资源能够真正用于应对必要的紧急情况和公共安全事件。同时,这一举措也引导社会公众增强对公共资源的珍惜和保护意识。此案件对广大“驴友”及户外运动爱好者起到了强烈的警示作用。随着户外运动的兴起,部分户外运动爱好者安全意识和规则意识淡薄,盲目追求刺激而忽视安全风险和法律规定。该案件通过媒体广泛传播,让更多人认识到擅自进入未开发区域探险的危险性和出现意外须承担的法律后果,促使他们在进行户外运动时更加谨慎,严格遵守相关规定,规划好行程,做好安全防范措施，从而减少类似危险事件的发生。对“驴友”违规行为的处理和责任追究，在全社会范围内强化了责任意识的培养。无论是个人在从事各类活动时，还是政府部门在履行职责过程中，都应知晓自身责任，对自己的行为负责。这一事件的处理为社会各界提供了一个生动的案例，对推动形成人人讲责任、守规矩的良好社会风尚，促进社会治理的良性发展有着积极意义。

事件处理过程中，省应急管理厅牵头，组织多部门会商，体现了应急管理工作中跨部门协同合作的重要性。这种多部门联动机制打破了部门壁垒，整合了各方资源和专业力量，提高了应对突发事件的效率，为今后类似事件的处理提供了成功范例，有助于进一步完善应急管理体系中的协同合作机制。省应急管理厅在舆情引导方面的积极作为，为应急管理部门应对突发事件舆情提供了宝贵经验。在信息传播快速、舆论环境复杂的当下，及时、准确、有效的舆情引导至关重要。主动设置议题、发布权威信息、与媒体良好互动等方式，能够引导舆论走向，营造良好的舆论氛围，减少公众恐慌，提升政府部门在公众心目中的公信力和形象。

（三）G县区“10·17”森林火灾处置案例

【基本险情】

2022年10月17日上午5时45分许，G县区W镇Q村发生一起森林火灾。受入夏以来持续高温干旱少雨和火场8级大风恶劣天气影响，火灾先后蔓延至相邻3个县区，一度威胁中石化某油库、国网某220千伏变电站、某风景名胜区、H小学等重要目标安全，形势十分危险。

【处置结果】

在省委、省政府的统一领导下，经国家、省、市、区、乡镇五级应急救援力量连续多个昼夜的扑救，于10月20日上午5时将明火、余火等全部熄灭，确保了转移群众无一人伤亡、救援人员无一人伤亡、重要目标设施无一处损毁，坚决遏制了重特大森林火灾和人员伤亡事故发生。

【事件评析】

《突发事件应对法》第七十二条　突发事件发生后，履行统一领导职责或者组织处置突发事件的人民政府应当针对其性质、特点、危害程度和影响范围等，立即启动应急响应，组织有关部门，调动应急救援队伍和社会力量，依照法律、法规、规章和应急预案的规定，采取应急处置措施，并向上级人民政府报告；必要时，可以设立现场指挥部，负责现场应急处置与救援，统一指挥进入突发事件现场的单位和个人。

启动应急响应，应当明确响应事项、级别、预计期限、应急处置措施等。

履行统一领导职责或者组织处置突发事件的人民政府，应当建立协调机制，提供需求信息，引导志愿服务组织和志愿者等社会力量及时有序参与应急处置与救援工作。

森林火灾不仅严重破坏森林资源和生态环境，而且会对人民生命财产和公共安全产生极大的危害，对国民经济可持续发展和生态安全造成巨大威胁。

该起火灾发生后，在省委、省政府的统一领导下，有关各地、各部门始终坚持人民至上、生命至上，按照“分级负责、属地为主”的要求，迅速启动森林火灾应急预案，依法有力有序有效处置森林火灾。根据火情发展态势，原省森林防灭火指挥部办公室(设在省应急管理厅)果断成立 G 县区森林火灾省级指挥部，首次启动省森林火灾Ⅳ级应急响应，首次跨省调动国家综合性消防救援队伍增援，共投入应急救援人员6 212 人、直升机 3 架、扑火装备7 150 台(件)进行扑救，提前转移群众1 626 人，有力保护了森林生态安全和重要设施安全，为奋力谱写中国式现代化江西篇章创造了良好的安全环境。

（四）Y 镇受灾群众因灾造成住房倒损后获政府救助案例

【基本险情】

2023 年 7 月 22 日 20 时至 23 日 13 时，A 县遭遇强雷暴大风、降水等强对流天气，全县共有 10 个站点降雨量超过 50 毫米，部分乡镇发生洪涝灾害。此次灾害对该县 Y 镇造成较为严重的影响，其中 L 村二组聂某某家的 6 间房屋遭到严重损坏。接到灾情报告后，A 县应急管理局及时组织现场核查，初步认定房屋毁损严重，不再适合居住；后经专业评估，毁损的房屋已无维修价值，需要重建。

聂某某一家三口，父亲 77 岁，他与哥哥均未成家，家庭经济困难。针对聂某某住房因灾严重损坏且家庭较为困难的情况，县应急管理局及时将聂某某列为因灾倒损房恢复重建补助对象，Y 镇政府为其办理了原址拆除重建相关手续，村党支部书记为房屋重建所需的人工和建筑材料费用提供担保。同时，县应急管理局在多方取证确认其房屋受灾损毁符合农房保险赔付条件后，一边帮助聂某某准备理赔资料，一边积极协调农房保险承保公司开展理赔。

【处置结果】

根据《突发事件应对法》第八十八条和《自然灾害救助条例》第十九条、第二十条之规定，县应急管理局按灾后救助有关政策及时向聂某某发放倒房恢复重建补助资金 2 万元，同时积极协调农房保险承保公司及时定损并理赔 0.9 万元，帮助其重建住房。2024 年 1 月，新房子顺利封顶，聂某某激动地说："过年我们就能搬进新家了！房子能这么快重建起来，多亏了政府和农房保险这样的好政策。"

【事件评析】

《突发事件应对法》第八十八条　受突发事件影响地区的人民

政府开展恢复重建工作需要上一级人民政府支持的,可以向上一级人民政府提出请求。上一级人民政府应当根据受影响地区遭受的损失和实际情况,提供资金、物资支持和技术指导,组织协调其他地区和有关方面提供资金、物资和人力支援。

倒损住房恢复重建救助工作是为了支持帮助因自然灾害导致住房倒塌或损坏的受灾群众及时恢复重建和修缮倒损房屋,帮助解决受灾群众基本住房问题。倒损住房恢复重建救助工作由灾区各级地方政府负责落实,倒损住房恢复重建补助资金采取"自主申请、不建不补;逐户统计、发放到户"的方式管理。本案中,洪涝灾害造成聂某某住房倒损后,当地应急管理部门及时组织现场核实,按照"户报、村评、乡审、县定"的程序将聂某某列为倒房重建补助对象,并逐级向上级应急管理部门申请救助资金,帮助聂某某重建住房。同时,当地采取重点帮扶、落实农房保险理赔资金等措施,有效缓解了聂某某的建房压力,让受灾困难群众切实感受到党和政府的温暖。

二、重点知识解读

(一)突发事件的定义及《突发事件应对法》的调整范围

《突发事件应对法》第二条　本法所称突发事件,是指突然发生,造成或者可能造成严重社会危害,需要采取应急处置措施予以应对的自然灾害、事故灾难、公共卫生事件和社会安全事件。

突发事件的预防与应急准备、监测与预警、应急处置与救援、事后恢复与重建等应对活动,适用本法。

《中华人民共和国传染病防治法》等有关法律对突发公共卫生事件应对作出规定的,适用其规定。有关法律没有规定的,适用本法。

《突发事件应对法》采取概括和列举相结合的方式对突发事件进行了定义，即概括为突然发生，造成或者可能造成严重社会危害，需要采取应急处置措施予以应对的事件，列举为自然灾害、事故灾难、公共卫生事件和社会安全事件四类。从中可以看出突发事件具有以下特点：一是公共性和社会性。一方面其对社会公共利益产生较大消极负面影响，甚至破坏正常社会秩序；另一方面超过了个人或者民间自发应对的能力范围，需要借助公权力和动用社会力量才能有效应对。二是突发性和紧迫性。事件发生突然，如果不能及时采取应对措施，引发的危机就会迅速扩大、蔓延甚至升级，造成更大的危害和更严重的后果。三是危害性和破坏性。事件发生对人民群众生命财产安全，对国家安全、公共安全、生态环境安全和社会秩序，构成严重威胁。

《突发事件应对法》的调整范围，包括预防与应急准备、监测与预警、应急处置与救援、事后恢复与重建等，涉及突发事件应对的事前、事中、事后的全过程、各环节。在突发事件应对中，各个环节密切相关，互相衔接，有效配合。预防与应急准备是做好突发事件应对工作的基础性工作，必须立足于“预防为主、预防与应急相结合”的原则。监测与预警是突发事件从常态到应急状态转变的过渡阶段，是应对的第一道防线。应急处置与救援是应对突发事件工作的核心环节。事后恢复与重建是应对突发事件工作的最后一个阶段，事关人民群众生产生活，事关经济社会发展大局。

（二）应急管理体制和应急工作体系

《突发事件应对法》第十六条　国家建立统一指挥、专常兼备、反应灵敏、上下联动的应急管理体制和综合协调、分类管理、分级负责、属地管理为主的工作体系。

为适应新时代新形势新要求,总结法律实施以来的实践经验,顺应应急管理体制改革,新修订的《突发事件应对法》增设专章对突发事件应对的管理与指挥体制进行规定。

应急管理体制,即统一指挥、专常兼备、反应灵敏、上下联动。统一指挥要求有关各方都要在应急指挥机构的领导下,展开各项应对处置工作。统一指挥,可以避免各自为政、重复劳动和相互掣肘,从纵向看包括组织自上而下的组织管理体制,实行垂直领导,形成下级服从上级的关系;从横向看,同级组织有关部门形成互相配合,协调应对,共同服务于指挥中枢的关系。专常兼备要求既有专业的技能和知识(相关人员和团队通过专门化培养、职业化训练,具备丰富的专业知识、熟练的专业技能和高度的专业素养,能够完成普通人员和一般团队无法完成的专门任务),又有常态化的准备和应对机制(做好充分的预案制定和演练、人员培训、物资储备等日常预防准备工作),二者相辅相成,不可或缺。反应灵敏要求有关人民政府各部门以及其他相关主体在接收到预警信息或发现异常情况时,迅速作出反应,启动应急预案,依法有序开展处置工作。上下联动要求在突发事件应对过程中,上下级人民政府各部门之间需形成紧密的联动机制,上级及时传达指令、调配资源、协调各方,下级迅速响应、积极作为、及时反馈,实现信息的畅通共享、资源的优化配置和力量的有效整合。

应急工作体系,即综合协调、分类管理、分级负责、属地管理为主。综合协调,是指在统一指挥下,加强综合协调能力建设,以实现反应灵敏、协调有序、运转高效,主要包括政府对所属职能部门、上级政府和下级政府、社会有关组织和团体等的协调,以及协调人力、物力、技术、信息等保障力量。分类管理,是指每一大类的突发事件由相应主管部门实行管理,其他有关部门和单位提供必要的支持,相互协同运作。比如县级以上人民政府应急管理部门在职责范围内做好自然灾害、事故灾难突发事件应对管理工作,并指导、协助下级人民政府及其相应部门做好有关突发事件的应对管理工作。分级负责，是指对各类突发事件进行准确识别、划分等级，由不同层级的政府分级处置。结合《突发事件应对法》第三条，突发自然灾害、事故灾难、公共卫生事件分为特别重大、重大、较大和一般四级，一般由相应层级政府处置。属地管理为主，通常是指突发事件应急处置工作原则上由地方负责，这是由于地方政府和有关部门与突发事件的发生地距离最近，相关资源调动最方便，工作人员对情况最熟悉，能够在第一时间实施有效的应对处置与救援。

(三)突发事件应急指挥机构的设立和组成

《突发事件应对法》第十九条　县级以上人民政府是突发事件应对管理工作的行政领导机关。

国务院在总理领导下研究、决定和部署特别重大突发事件的应对工作；根据实际需要，设立国家突发事件应急指挥机构，负责突发事件应对工作；必要时，国务院可以派出工作组指导有关工作。

县级以上地方人民政府设立由本级人民政府主要负责人、相关部门负责人、国家综合性消防救援队伍和驻当地中国人民解放军、中国人民武装警察部队有关负责人等组成的突发事件应急指挥机构，统一领导、协调本级人民政府各有关部门和下级人民政府开展突发事件应对工作；根据实际需要，设立相关类别突发事件应急指挥机构，组织、协调、指挥突发事件应对工作。

为了有效应对突发事件，县级以上地方人民政府设立突发事件应急指挥机构，统一领导、协调本级人民政府各有关部门和下级人民政府开展突发事件应对工作，将统一指挥、专常兼备、反应灵敏、上下联动的应急管理体制落到实处。

突发事件应急指挥机构由本级人民政府主要负责人、相关部门负责人、国家综合性消防救援队伍和驻当地中国人民解放军、中国人民武装警察部队有关负责人等组成。实践中,突发事件应急指挥机构的组成包括党政领导人员,与突发事件应对有关的公安、应急管理、卫生健康、发展改革、交通水利、住房城乡建设、生态环境等各职能部门负责人,此次修订还增加了国家综合性消防救援队伍有关负责人。考虑到不同类型的突发事件在应对方式、所需物资和资源、所需专业知识和能力、需要协调的部门等方面可能存在较大差异,可以根据实际需要,设立相关类别突发事件应急指挥机构,组织、协调、指挥突发事件应对工作。突发事件发生后,可视情况设立现场指挥机构,统一组织指挥现场应急处置与救援工作,并结合实际按规定成立临时党组织,加强思想政治工作,发挥战斗堡垒作用。

(四)应急救援队伍的种类

《突发事件应对法》第三十九条　国家综合性消防救援队伍是应急救援的综合性常备骨干力量,按照国家有关规定执行综合应急救援任务。县级以上人民政府有关部门可以根据实际需要设立专业应急救援队伍。

县级以上人民政府及其有关部门可以建立由成年志愿者组成的应急救援队伍。乡级人民政府、街道办事处和有条件的居民委员会、村民委员会可以建立基层应急救援队伍,及时、就近开展应急救援。单位应当建立由本单位职工组成的专职或者兼职应急救援队伍。

国家鼓励和支持社会力量建立提供社会化应急救援服务的应急救援队伍。社会力量建立的应急救援队伍参与突发事件应对工作应当服从履行统一领导职责或者组织处置突发事件的人民政府、突发事件应急指挥机构的统一指挥。

县级以上人民政府应当推动专业应急救援队伍与非专业应急救援队伍联合培训、联合演练，提高合成应急、协同应急的能力。

在应急救援队伍中，国家综合性消防救援队伍作为应急救援的综合性常备骨干力量，是应急救援的主力军和国家队，承担着防范化解重大安全风险、应对处置各类灾害事故的重要职责。2018年11月9日，习近平总书记向国家综合性消防救援队伍授旗并致训词，强调组建国家综合性消防救援队伍，是党中央适应国家治理体系和治理能力现代化作出的战略决策，是立足我国国情和灾害事故特点、构建新时代国家应急救援体系的重要举措，对提高防灾减灾救灾能力、维护社会公共安全、保护人民生命财产安全具有重大意义。

县级以上人民政府有关部门可以根据实际需要设立专业应急救援队伍，主要从事生产安全事故救援、地震地质灾害救援、森林火灾救援、抗洪抢险、航空应急救援等专业性较强的应急救援工作。比如，根据《江西省人民政府办公厅关于印发〈江西省地方专业森林消防队伍建设管理办法〉的通知》要求，为加强和规范专业森林消防队伍建设管理，提高森林消防及综合应急救援能力，江西省设立地方专业森林消防队伍。此外，县级以上人民政府及其有关部门还可以建立由成年志愿者组成的应急救援队伍，这类应急救援队伍作为应急救援力量的重要组成部分，在应急救援工作中发挥了积极作用。

乡级人民政府、街道办事处和有条件的居民委员会、村民委员会可以建立基层应急救援队伍，及时、就近开展应急救援。比如，中共江西省委办公厅、江西省人民政府办公厅印发《关于加强基层应急管理体系和能力建设的意见》规定："乡镇（街道）和功能区要以辖区内可调动的应急队伍力量为基础，组织现有警务、医务、民兵、森林消防、消防站、物业管理、企事业单位及志愿者等人员，组建一支不少于30人的应急救援队伍。行政村(社区)根据实际情况,组织村(居)民小组长、基干民兵、卫生所(室)、学校、青壮劳力等人员,组建一支不少于10人的应急救援力量,负责灾害事故先期处置、受困群众救援、受威胁群众转移撤离等工作。"

单位应当建立由本单位职工组成的专职或者兼职应急救援队伍,这是有关法律法规明确的规定。比如,《中华人民共和国安全生产法》第八十二条第一款规定:"危险物品的生产、经营、储存单位以及矿山、金属冶炼、城市轨道交通运营、建筑施工单位应当建立应急救援组织;生产经营规模较小的,可以不建立应急救援组织,但应当指定兼职的应急救援人员。"

国家鼓励和支持社会力量依法有序参与应急救援,社会应急力量具有覆盖面广、组织灵活、反应灵敏等诸多优势,是国家应急救援力量体系的重要辅助力量。社会力量建立的应急救援队伍参与突发事件应对工作时应当服从统一指挥。《应急管理部 中央文明办 民政部 共青团中央关于进一步推进社会应急力量健康发展的意见》要求:"进一步完善社会应急力量政策制度和工作机制,加强动员引导,统筹社会资源,创新服务方式,强化规范管理,全面提升建设质量和发展水平。"

(五)突发事件信息报告制度

《突发事件应对法》第六十条　县级以上人民政府及其有关部门、专业机构应当通过多种途径收集突发事件信息。

县级人民政府应当在居民委员会、村民委员会和有关单位建立专职或者兼职信息报告员制度。

公民、法人或者其他组织发现发生突发事件,或者发现可能发生突发事件的异常情况,应当立即向所在地人民政府、有关主管部门或者指定的专业机构报告。接到报告的单位应当按照规定立即核实处理,对于不属于其职责的,应当立即移送相关单位核实处理。

第六十一条　地方各级人民政府应当按照国家有关规定向上级人民政府报送突发事件信息。县级以上人民政府有关主管部门应当向本级人民政府相关部门通报突发事件信息，并报告上级人民政府主管部门。专业机构、监测网点和信息报告员应当及时向所在地人民政府及其有关主管部门报告突发事件信息。

有关单位和人员报送、报告突发事件信息，应当做到及时、客观、真实，不得迟报、谎报、瞒报、漏报，不得授意他人迟报、谎报、瞒报，不得阻碍他人报告。

信息报告是突发事件应对的重要环节，及时、准确的信息报告，是采取积极有效措施、最大限度减少突发事件造成损失的前提。然而，实践中还存在报告主体不明确、职责不清晰，报告不及时、内容不完整，甚至迟报、谎报、瞒报、漏报等问题，严重影响对突发事件的预测预警、应急处置与善后恢复。

公民、法人或者其他组织一般是突发事件的最初见证者，发现事件后应当立即向所在地人民政府、有关主管部门或者指定的专业机构报告。此次，新修订的《突发事件应对法》进一步压实政府责任，新增对接到报告单位的处理要求。有关政府、主管部门、专业机构接到公民、法人或者其他组织对突发事件情况的报告后，不属于其职责，无法依职权进行核实处理的，不能因此推诿对突发事件报告的核实处理，应当按程序立即移送相关单位核实处理。

依据《突发事件应对法》第六十一条的规定，负有信息报告责任的主体主要有三类：一是地方各级人民政府，其报送对象是上级人民政府；二是县级以上人民政府有关主管部门，其报送对象是上级人民政府主管部门，同时应当向本级人民政府相关部门通报突发事件信息；三是专业机构、监测网点和信息报告员，其报送对象是所在地人民政府及有关主管部门。

有关单位和人员报送、报告突发事件信息，应当做到及时、客观、真实，不得迟报、谎报、瞒报、漏报。及时，就是必须按照法律法规规章和国家有关规定的时限报送突发事件信息，不得迟报。客观，就是对突发事件信息的判断要客观，不得主观臆断。真实，就是要与突发事件的真相相符，实事求是，不得瞒报、漏报。因客观原因一时难以掌握准确信息的，应当先行报告基本情况，同时抓紧跟踪了解，尽快补报详情。此次修订还增加了“不得授意他人迟报、谎报、瞒报，不得阻碍他人报告”的禁止性规定，进一步确保信息报送渠道的畅通。

(六)自然灾害、事故灾难或者公共卫生事件的应急措施

《突发事件应对法》第七十三条　自然灾害、事故灾难或者公共卫生事件发生后，履行统一领导职责的人民政府应当采取下列一项或者多项应急处置措施：

(一)组织营救和救治受害人员，转移、疏散、撤离并妥善安置受到威胁的人员以及采取其他救助措施；

(二)迅速控制危险源，标明危险区域，封锁危险场所，划定警戒区，实行交通管制、限制人员流动、封闭管理以及其他控制措施；

(三)立即抢修被损坏的交通、通信、供水、排水、供电、供气、供热、医疗卫生、广播电视、气象等公共设施，向受到危害的人员提供避难场所和生活必需品，实施医疗救护和卫生防疫以及其他保障措施；

(四)禁止或者限制使用有关设备、设施，关闭或者限制使用有关场所，中止人员密集的活动或者可能导致危害扩大的生产经营活动以及采取其他保护措施；

(五)启用本级人民政府设置的财政预备费和储备的应急救援物资，必要时调用其他急需物资、设备、设施、工具；

(六)组织公民、法人和其他组织参加应急救援和处置工作，要

求具有特定专长的人员提供服务；

（七）保障食品、饮用水、药品、燃料等基本生活必需品的供应；

（八）依法从严惩处囤积居奇、哄抬价格、牟取暴利、制假售假等扰乱市场秩序的行为，维护市场秩序；

（九）依法从严惩处哄抢财物、干扰破坏应急处置工作等扰乱社会秩序的行为，维护社会治安；

（十）开展生态环境应急监测，保护集中式饮用水水源地等环境敏感目标，控制和处置污染物；

（十一）采取防止发生次生、衍生事件的必要措施。

突发事件发生后，政府必须在第一时间组织各方面力量，依法及时采取有力措施控制事态发展，开展应急处置工作，最大限度减少人员伤亡和财产损失，防止灾害的扩大和次生灾害的滋生。本条规定的十一项应急处置措施主要可以分为三大类。一是应急救助和安置措施，即突发事件发生后，在抢救、消防、医疗救治、卫生防疫、生活供给、社会治安、恢复基础教育等方面采取的措施。二是应急保障和保护措施，即对生命线工程（如交通、通信、供水、排水、供电、供气、输油等）采取的保障措施，对次生灾害源（如供电、供气、通信、输油设施等）采取的防护措施，以及对其他基础工程（如电视、广播、教育等）采取的保护措施。三是应急控制、限制和禁止措施，即为了抢险救灾并维护社会秩序所采取的限制公民人身、财产和其他权利正常行使的措施。这几类措施都是政府在自然灾害、事故灾难、公共卫生事件应对中不可或缺的手段，前两类措施侧重于政府的责任，第三类措施更加侧重于政府的权力，涉及对公民权利的限制，必须有严格的适用条件和程序。

此次修订，根据突发事件应对工作需要，新增了5个方面的处置措施。一是根据暴雨、山洪、地质灾害等自然灾害应对工作实际，在本条第一项中新增转移受到威胁的人员的规定。二是根据突发公共卫生事件应对工作的需要,在本条第二项中新增限制人员流动、封闭管理等控制措施的规定。三是深入总结近年来突发事件应对工作经验,在本条第三项中新增立即抢修被损坏的医疗卫生、广播电视、气象等公共设施的规定。四是为保障人民群众生命健康,在本条第七项中新增保障药品供应的规定。五是与《中华人民共和国环境保护法》、《中华人民共和国大气污染防治法》(以下简称《大气污染防治法》)、《中华人民共和国水污染防治法》、《中华人民共和国土壤污染防治法》等生态环境保护有关的法律相衔接。

三、热点问题聚焦

(一)《突发事件应对法》修订的主要内容

《突发事件应对法》自 2007 年公布施行以来,对预防和减少突发事件的发生,控制、减轻和消除突发事件引起的严重社会危害,规范突发事件应对活动和应急管理工作,保护人民生命财产安全,发挥了重要保障作用。但随着经济社会的发展,影响公共安全的因素日益增多,有必要与时俱进全面修订《突发事件应对法》,为新时代高质量开展突发事件应对工作提供有力法治保障。

2007 年公布的《突发事件应对法》共七十条,修订后达到一百零六条,并对原法中的六十一条作了不同程度的修改,较大幅度地对突发事件应对法律法规进行了修改完善。一是坚持和加强党对突发事件应对工作的全面领导。此次修订《突发事件应对法》,在总则第四条明确,突发事件应对工作坚持中国共产党的领导,坚持以马克思列宁主义、毛泽东思想、邓小平理论、“三个代表”重要思想、科学发展观、习近平新时代中国特色社会主义思想为指导,把坚持党的领导的最高政治原则贯彻到突发事件应对工作全过程、各方面。二是坚持人民至上、生命至上,贯彻尊重和保障人权的宪法原则。明确坚持人民至上、生命至上原则，完善关于体现比例原则的规定，加强关于个人信息保护的规定，充分保障社会各主体合法权益。三是增设“管理与指挥体制”一章。规定应急管理体制和工作体系，明确跨行政区域突发事件应对职责及协同应对机制，对突发事件应急指挥机构作出相关规定，明确县级以上政府部门、乡镇、街道、村(居)委会、武装力量，以及公民法人组织等各方职责。四是完善突发事件信息报送和发布制度。完善突发事件报告制度，规定国家建立健全突发事件信息发布制度，规定国家建立健全突发事件新闻采访报道制度。五是强化预防和应急准备，加强突发事件应对能力建设。进一步完善应急预案的制定、备案及演练等相关规定，加强应急物资运输、能源保障、医疗保障等，完善应急救援力量规定，注重发挥现代科学技术在突发事件应对中的作用。六是全流程完善突发事件应对制度体系。进一步完善突发事件监测预警制度，建立健全突发事件应急响应制度，完善事后恢复与重建的相关规定。七是有效发挥社会力量在突发事件应对中的作用。建立投诉、举报制度，规定表彰、奖励制度，注重发挥专业人员作用，支持、引导社会力量参与应对突发事件，鼓励公民自救与互救。八是完善相关法律责任规定。对责任追究中的尽职免责作出相关规定，增加侵犯公民生命健康权益的法律责任和关于紧急避险的衔接性规定。

(二)《突发事件应对法》修订的重要意义

1. 修订《突发事件应对法》是深入贯彻习近平总书记关于应急管理重要论述精神的迫切要求

应急管理是国家治理体系和治理能力的重要组成部分，承担防范化解重大安全风险、及时应对处置各类灾害事故的重要职责。此次修订，把坚持党对突发事件应对工作的领导，坚持总体国家安全观，统筹发展与安全，坚持人民至上、生命至上等思想精髓充分体现到法律制度和措施规定上，为全面加强突发事件应对工作打下坚实法治根基。

2. 修订《突发事件应对法》是全面落实党中央关于应急管理体制改革重大决策部署的有力保障

2018年，党中央决定组建应急管理部和国家综合性消防救援队伍，对我国应急管理体制进行系统性、整体性重构，推动我国应急管理事业取得历史性成就、发生历史性变革。这次修订《突发事件应对法》，及时把应急管理体制改革成果上升为法律制度，强化突发事件应对工作的综合管理、全过程管理和力量资源优化管理，确保在法治轨道上深化改革，做到改革和法治相统一。

3. 修订《突发事件应对法》是系统总结应对突发事件经验做法的重要成果

我国应急管理体系不断调整和完善，应对自然灾害和生产事故灾害能力不断提高，成功应对了一次又一次重大突发事件，有效化解了一个又一个重大安全风险。这次修订《突发事件应对法》，认真总结实践经验、汲取事件教训，将应对突发事件经验做法、突发事件新闻采访报道制度、协同应对机制等总结提炼上升为法律规定，做到法律制度根源于实践、服务于实践。

(三)《突发事件应对法》修订的亮点创新

1. "以人民为中心"贯穿始终

党的二十大报告提出"坚持人民至上、生命至上"，《突发事件应对法》将"保护人民生命财产安全""坚持依法科学应对，尊重和保障人权"写入总则，将人民群众放到了更高的位置，充分彰显了"以人民为中心"的发展思想，传递了"人民至上、生命至上"的崇高理念。新修订的《突发事件应对法》从宏观和微观两个方面，切实保障了公民的基本权利。

(1)优先保护特殊群体。面对突发事件,以法律形式规定应对缺乏“自我保护”能力的群体给予优先救助和资源倾斜,是我国法律对生命权、健康权的高度重视的体现。《突发事件应对法》第十一条规定:“国家在突发事件应对工作中,应当对未成年人、老年人、残疾人、孕产期和哺乳期的妇女、需要及时就医的伤病人员等群体给予特殊、优先保护。”第七十六条第三款规定:“履行统一领导职责或者组织处置突发事件的人民政府及其有关部门,应当为受突发事件影响无人照料的无民事行为能力人、限制民事行为能力人提供及时有效的帮助;建立健全联系帮扶应急救援人员家庭制度,帮助解决实际困难。”

此外,《突发事件应对法》第八十二条规定:“对于突发事件遇难人员的遗体,应当按照法律和国家有关规定,科学规范处置,加强卫生防疫,维护逝者尊严。对于逝者的遗物应当妥善保管。”这是对突发事件中的不幸遇难者最后的人文关怀,并以法律形式保障了遇难者的遗物安全,维护了社会秩序。

(2)规范公权力行使。突发事件应对属于应急状态下“非常态”管理,为确保妥善处理突发事件的同时,最大程度保障公民的基本权利,必须对公权力行使加以规范。《突发事件应对法》第十条规定:“突发事件应对措施应当与突发事件可能造成的社会危害的性质、程度和范围相适应;有多种措施可供选择的,应当选择有利于最大程度地保护公民、法人和其他组织权益,且对他人权益损害和生态环境影响较小的措施,并根据情况变化及时调整,做到科学、精准、有效。”这就是说,行政机关要坚持比例原则,在突发事件应对中实现方法与目的平衡,公权力不能为应对突发事件而不计代价地以行政手段牺牲公民权利,要避免造成影响居民正常生活的情形。

此外,《突发事件应对法》第十二条规定:“县级以上人民政府及其部门为应对突发事件的紧急需要,可以征用单位和个人的设备、设施、场地、交通工具等财产。被征用的财产在使用完毕或者突发事件应急处置工作结束后,应当及时返还。财产被征用或者征用后毁损、灭失的,应当给予公平、合理的补偿。”为应对突发事件,公权力可能需要对第三人财产进行征用,通过法律形式对征用财产返还或补偿进行规定,可以保证第三人合法私有权利不受公权力侵犯。同时,本法在第九十五条规定了违反处分措施。

2.强调个人信息保护

结合突发事件应对工作实际,并与《中华人民共和国个人信息保护法》(以下简称《个人信息保护法》)等法律进行衔接,修订后的《突发事件应对法》对个人信息保护相关重点问题作了专门规定,严格规范个人信息的获取及处理,构建了应急处置与救援时个人信息保护的法律框架。

(1)强调个人信息获取的必要性。在突发事件应对工作中,公权力对个人信息的收集和获取很多时候是对突发事件整体进行分析研判及应急处置决策,或对个人进行救援的不可或缺的工作,但《突发事件应对法》第八十三条对此进行了“必要性”限定,即“县级以上人民政府及其有关部门根据突发事件应对工作需要,在履行法定职责所必需的范围和限度内,可以要求公民、法人和其他组织提供应急处置与救援需要的信息”,并且明确信息获取后,获取主体有严格保密的义务。此外,《宪法》规定“公民的通信自由和通信秘密受法律的保护”,因此,此次修订,在《突发事件应对法》中再次对公民基本权利进行强调,公权力不能借由突发事件应对侵犯公民的通信自由和通信秘密。

(2)强调个人信息处理的合法性。正由于个人信息在突发事件应对工作中的独特价值,才使得其获取和处理的程序合法性在实际工作中尤为重要。《突发事件应对法》第八十四条规定“需要获取他人个人信息的,应当依照法律规定的程序和方式取得并确保信息安全”,该规定与《个人信息保护法》第十七条进行衔接,个人信息处理者在处理个人信息前，应当以显著方式、清晰易懂的语言真实、准确、完整地向个人告知个人信息处理者的名称或者姓名和联系方式，个人信息的处理目的、处理方式，处理的个人信息种类、保存期限等事项，即被收集信息者需事前知晓。

个人信息除了对突发事件应对工作具有公共价值和社会价值外，对部分群体还具有极高的经济价值，为保护个人隐私，避免个人信息管理失控，造成公民被“透明化”，《突发事件应对法》第八十四条还规定“不得非法收集、使用、加工、传输他人个人信息，不得非法买卖、提供或者公开他人个人信息”。第九十九条则规定“单位或者个人违反本法第八十四条、第八十五条关于个人信息保护规定的，由主管部门依照有关法律规定给予处罚”，该规定主要与《个人信息保护法》第六十六条等条款进行衔接。

(3)强调个人信息使用的限制性。《个人信息保护法》第六条、第四十七条规定：处理个人信息应当具有明确、合理的目的；处理目的已实现、无法实现或者为实现处理目的不再必要时，个人信息处理者应当主动删除个人信息。与之相衔接，《突发事件应对法》第八十五条规定“因依法履行突发事件应对工作职责或者义务获取的个人信息，只能用于突发事件应对，并在突发事件应对工作结束后予以销毁”。该规定框定了个人信息的使用范围，以使用完毕后及时销毁为常态，以留存或延期销毁为严格限制性例外，即“应当按照规定进行合法性、必要性、安全性评估，并采取相应保护和处理措施，严格依法使用”，避免因突发事件处理带来的个人信息泄露对当事人权利造成侵害。

3. 加强心理健康服务

关注心理健康是《突发事件应对法》修订的一大亮点，是人民至上、生命至上原则和依法科学应对、尊重和保障人权原则的体现。党的二十届三中全会《中共中央关于进一步全面深化改革、推进中国式现代化的决定》强调“健全社会心理服务体系和危机干预机制”。突发事件给人民群众造成的不仅是生命和财产的损失,同样也造成了强烈的心理冲击和伤害。在关键期予以科学适当的心理干预、心理援助是非常必要的,这是高度关注民生、保障身心健康、注重生命质量的重要举措。《突发事件应对法》第五十条规定“国家建立健全突发事件卫生应急体系,组织开展突发事件中的医疗救治、卫生学调查处置和心理援助等卫生应急工作,有效控制和消除危害”,第八十一条规定“国家采取措施,加强心理健康服务体系和人才队伍建设,支持引导心理健康服务人员和社会工作者对受突发事件影响的各类人群开展心理健康教育、心理评估、心理疏导、心理危机干预、心理行为问题诊治等心理援助工作”,以法律制度的形式强化突发事件应对中的人文关怀。国家进行心理健康服务基础设施建设、人才培养、体制机制建立等兜底性、基础性、保障性工作,引导职业人员和社会力量为受影响人群提供具体心理援助工作。

此外,《突发事件应对法》第八十一条不仅有对当前突发事件应对处置时心理援助工作的现实意义,更有对今后法规规章、政策文件的制定的指导意义,将突发事件应对的关注点延伸到心理健康等不易具象化的领域,诠释了保障人民群众生命财产安全的新的内涵。

4.推动现代技术支撑与创新应用

(1)强调科技赋能。随着时代发展,科技水平在突发事件应对中的作用愈发关键。《“十四五”国家应急体系规划》明确:“到2035年,建立与基本实现现代化相适应的中国特色大国应急体系,全面实现依法应急、科学应急、智慧应急,形成共建共治共享的应急管理新格局。”基于科技进步潮流下的突发事件应对工作新局面,《突发事件应对法》第五十六条规定“加强互联网、云计算、大数据、人工智能等现代技术手段在突发事件应对工作中的应用”。

(2)突出专家作用。《突发事件应对法》第五十七条规定:“县级以上人民政府及其有关部门应当建立健全突发事件专家咨询论证制度，发挥专业人员在突发事件应对工作中的作用。”突发事件涉及面广，为妥善应对处置突发事件，专业知识、技能的指导尤为重要。因此，在突发事件应对决策前，组织相关领域的专家就工作方案的合法性、合理性、必要性、可行性和其他技术因素进行专业论证，是实现突发事件应对管理工作规范化、科学化的有效手段，有助于最大程度保障人民群众生命财产安全，有效降低因突发事件处置不当造成的二次灾害。此外，第五十六条规定“鼓励、扶持有条件的教学科研机构、企业培养应急管理人才和科技人才”，有利于实现突发事件应对领域专家人才的可持续发展。

第三章

中华人民共和国国防教育法

(法律条文)

(自测题)

《中华人民共和国国防教育法》(以下简称《国防教育法》)于2001年4月28日第九届全国人民代表大会常务委员会第二十一次会议通过并施行,2018年4月27日第十三届全国人民代表大会常务委员会第二次会议修正,2024年9月13日第十四届全国人民代表大会常务委员会第十一次会议修订,自2024年9月21日起施行。

《国防教育法》的修订,是全面贯彻落实习近平总书记关于加强全民国防教育重要论述和党中央决策部署的重要之举,对应对国家安全复杂形势、增强全民国防观念、适应新时代全民国防教育体制机制改革、破解国防教育工作突出矛盾问题有着至关重要的意义。

本章将以典型案例为切入口,深入分析和展示《国防教育法》在加强国防教育、发扬爱国主义精神、促进国防建设和社会主义精神文明建设等方面的重要作用和意义。

一、典型案例分析

(一)周某某冒充公职人员开展国防教育获取利益被行政拘留案

【基本案情】

2024年10月,B市宣传部门在工作中发现,A市某公司员工周某某冒充相关单位工作人员与B市军分区、教体局、辖区高校等单位负责人联系,要求各单位组织人员观看指定账号的视频。经查,2024年8月,周某某入职该公司后,按公司负责人工作指示,冒充B市市委宣传部、国防教育办公室等国家机关工作人员与该市相关单位联系,要求对方组织人员关注指定短视频账号,收看国防教育相关视频,并从中获取利润。部分单位在未核实真伪的情况下,向学生转发了"通知"。经B市市委宣传部确认,上述"通知"要求关注的账号为社会组织所有,该"通知"既未告知并征得省委宣传部相关业务处室许可,也未告知B市市委宣传部,该行为造成了不良社会影响。

【案件结果】

B市公安部门接到违法线索后,赶赴A市将嫌疑人周某某抓获归案,依法对当事人作出行政拘留10日的处罚,并要求清空涉案短视频账号内容。同时,B市公安部门将周某某所在公司违法线索移交至A市公安部门侦办。

【案件评析】

《国防教育法》第三十九条　寻衅滋事,扰乱国防教育工作和活动秩序的,或者盗用国防教育名义骗取钱财的,由有关主管部门给予批评教育,并予以制止;造成人身、财产或者其他损害的,应当依法承担相应的民事责任;构成违反治安管理行为的,依法给予治安管理处罚。

国防教育的核心是培育公民的国防意识与爱国精神。《国防教育法》第十条规定:“国家支持、鼓励社会组织和个人开展有益于国防教育的活动。”本案中,周某某所属公司及个人假冒B市市委宣传部、国防教育办公室等国家机关之名发布通知,要求相关单位组织人员关注指定账号并观看视频,且以国防教育之名牟取利益,严重破坏了国防教育的规范性与权威性。与此同时,该行为亦违背了国防教育的公益性要求。此外,指定账号所发布的内容未经相关部门审核,存有传播不实信息或商业广告之风险,极有可能误导公众对国防教育的认知。尤其是冒充国家机关名义发布指令,会引发公众对国防教育政策真实性和权威性的质疑。

周某某及其所属公司通过伪造身份,发布虚假通知,致使部分单位在未核实的情况下转发不实信息,干扰了正常的教育管理秩序,属于《中华人民共和国治安管理处罚法》(以下简称《治安管理处罚法》)第五十一条规定冒充国家机关工作人员或者以其他虚假身份招摇撞骗之行为,公安部门对其处以行政拘留10日的处罚,符合法律规定。此案的依法处理彰显了对国防教育严肃性的维护,亦为规范社会力量参与公共事务提供了警示作用。

(二)某校挪用新生军训经费,取消新生军训案

【基本案情】

某市高级中学在暑假期间组织高三年级学生到校补课,为了给老师发放补贴,挪用了新生军训经费。开学后,该校以天气不好为由,取消了新生军事训练。该市教育局发现后,责令该校在第二年暑假进行补训。第二年补训期间,由于暑假学校食堂未开餐,学生小磊外出就餐时,不慎被摩托车撞倒,造成轻伤。

【案件结果】

该校违规挪用新生军训经费,取消了新生军事训练,被教育主

管部门责令补训。小磊受伤是因为该校在组织军事训练活动期间对学生的管理存在过失，违反了《国防教育法》第十七条第三款规定："学校组织军事训练活动，应当采取措施，加强安全保障。"因此，该校依法承担了相应的责任。校方相关负责人因违规挪用军事训练费用和取消军事训练活动，受到了教育主管部门的处分。

【案件评析】

《国防教育法》第十七条　普通高等学校、高中阶段学校应当按照规定组织学生军事训练。

普通高等学校、高中阶段学校学生的军事训练，由学校负责军事训练的机构或者军事教员组织实施。

学校组织军事训练活动，应当采取措施，加强安全保障。

驻地军事机关应当协助学校组织学生军事训练。

第三十六条　国家机关、人民团体、企业事业组织以及社会组织和其他组织违反本法规定，拒不开展国防教育活动的，由有关部门或者上级机关给予批评教育，并责令限期改正；拒不改正，造成恶劣影响的，对负有责任的领导人员和直接责任人员依法给予处分。

第三十七条　违反本法规定，侵占、挪用、克扣国防教育经费或者企业事业组织、社会组织、个人资助的国防教育财产的，由有关主管部门责令限期归还；对负有责任的领导人员和直接责任人员依法给予处分。不适用处分的人员，由有关主管部门依法予以处理。

本案中，该校挪用军训经费，已构成侵占、挪用国防教育经费的违法行为；以"天气不好"为由取消军训，属于未履行法定义务。被教育主管部门责令补训后，该校未开放食堂，导致学生被迫外出就餐。小磊受伤的直接原因是摩托车驾驶员的侵权行为，但学校因未提供就餐而未履行“应当采取措施,加强安全保障”的义务,间接导致风险发生,该校未尽到合理管理职责,需承担相应法律后果。

学校国防教育是全民国防教育的基础,同时也是实施素质教育的重要内容,目的是培养担当民族复兴大任的时代新人。值得注意的是,修订后的《国防教育法》对普通高等学校、高中阶段学校组织学生军事训练作出了明确规定,还对小学、初级中学、高中阶段学校、普通高等学校的国防教育目标、内容和方法途径等进行了补充和完善。同时,根据军事政策制度改革总体筹划部署,修订前的《中华人民共和国兵役法》(以下简称《兵役法》)中的学生军事训练内容被调整到《国防教育法》“学校国防教育”一章进行规范。

(三)盗用国防教育名义骗取钱财案

【基本案情】

某社会人员以第三野战军直属青少年训练营的名义,伪造大量首长接见学校师生的照片,骗招数百名学生参加训练营相关活动。为了招生顺利,其还故意破坏了当地少年宫的军事教育器材和展览物品。

【案件结果】

当地国防教育主管部门联合市场监督管理部门责令该社会人员立即停止违法行为,消除影响,没收违法所得,并根据情节予以罚款。

【案件评析】

《国防教育法》第三十八条　侵占、破坏国防教育基地设施,损毁展品、器材的,由有关主管部门给予批评教育,并责令限期改正;有关责任人应当依法承担相应的民事责任;构成违反治安管理行为的，依法给予治安管理处罚。

第三十九条　寻衅滋事，扰乱国防教育工作和活动秩序的，或者盗用国防教育名义骗取钱财的，由有关主管部门给予批评教育，并予以制止；造成人身、财产或者其他损害的，应当依法承担相应的民事责任；构成违反治安管理行为的，依法给予治安管理处罚。

该社会人员以第三野战军直属青少年训练营的名义开展活动，属于未经批准擅自设立国防教育机构的行为。同时，伪造首长接见学校师生的照片，虚假宣传骗招学生，构成“盗用国防教育名义骗取钱财”的违法行为。此外，故意损毁少年宫的军事教育器材及展品，属于破坏国防教育基地设施的行为。上述行为均违反了《国防教育法》的相关规定，当地国防教育主管部门对涉事人员采取警告、罚款、没收非法所得等措施，并责令其停止非法活动符合相关法律规定。

虚构身份骗取钱财，若数额较大，可依《中华人民共和国刑法》（以下简称《刑法》）诈骗罪定罪，数额较大的，处三年以下有期徒刑、拘役或者管制，并处或者单处罚金；数额巨大或者有其他严重情节的，处三年以上十年以下有期徒刑，并处罚金；数额特别巨大或者有其他特别严重情节的，处十年以上有期徒刑或者无期徒刑，并处罚金或者没收财产。故意毁坏公私财物，若数额较大或者有其他严重情节的，处三年以下有期徒刑、拘役或者罚金；数额巨大或者有其他特别严重情节的，处三年以上七年以下有期徒刑。若冒充军人身份招摇撞骗，还构成《刑法》第三百七十二条规定的冒充军人招摇撞骗罪。国防教育主管部门和市场监督管理部门的介入及处理，有效地维护了国防教育的公信力和权威性，该案起到了“办理一案，规范一片”的社会效果。

二、重点知识解读

(一)《国防教育法》修订概述

全民国防教育是建设巩固国防和强大人民军队的基础性工程,是弘扬爱国主义精神、增强全民国防意识的有效途径。2024年4月,在第十四届全国人民代表大会常务委员会第九次会议上,全国人民代表大会常务委员会法制工作委员会相关同志就《中华人民共和国国防教育法(修订草案)》(以下简称《国防教育法(修订草案)》)作出说明,提出了修法的必要性、基本原则、修法过程及内容等问题。2024年9月新修订的《国防教育法》开始施行。修订后的《国防教育法》共六章四十二条。此次修订,全面贯彻习近平总书记关于加强全民国防教育重要论述和党中央决策部署,适应国家安全面临的复杂形势和新时代全民国防教育体制机制改革的需要,优化了国防教育的顶层设计,完善了学校国防教育和社会国防教育的制度机制,为推动全民国防教育的普及、深入开展提供了坚强的法律保障,提高了国防教育工作法治化、规范化、科学化水平。

(二)《国防教育法》修订的必要性

1.贯彻落实习近平总书记关于加强全民国防教育重要论述和党中央决策部署的需要

党的十八大以来,以习近平同志为核心的党中央高度重视全民国防教育工作,作出一系列重要决策部署。习近平总书记强调,要加强国防教育,增强全民国防观念,使关心国防、热爱国防、建设国防、保卫国防成为全社会的思想共识和自觉行动;加强全民国防教育,巩固军政军民团结,为实现中国梦强军梦凝聚强大力量。修订《国防教育法》,把习近平总书记关于加强全民国防教育重要论述和党中央决策部署用法律形式固化下来,对于坚持国防教育工作的正确方向，推动新时代全民国防教育改革发展和普及深入，增强全民爱党爱国爱社会主义的深厚情感、居安思危的忧患意识、崇军尚武的思想观念、强国强军的责任担当，夯实巩固国防和建设强大的世界一流军队，具有十分重要的意义。

2. 应对国家安全复杂形势和增强全民国防观念的需要

当前，世界百年未有之大变局加速演进，我国面临复杂多变的安全和发展环境，各种可以预见和难以预见的风险因素明显增多，传统安全威胁和非传统安全威胁相互交织。国无防不立，民无防不安。《宪法》明确规定，保卫祖国、抵抗侵略是中华人民共和国每一个公民的神圣职责；同时还规定，国家在人民中进行爱国主义教育。党中央提出了建军一百年奋斗目标，强调加快把人民军队建成世界一流军队。以新时代党的强军思想为根本遵循，贯彻落实《宪法》规定，维护国家主权、安全、发展利益，需要修订《国防教育法》，进一步完善学校国防教育体系，拓展社会国防教育范围和渠道，营造关心支持国防和军队建设的良好氛围，增强我国的国防实力和民族凝聚力。

3. 适应新时代全民国防教育体制机制改革的需要

根据党中央决策部署，全民国防教育体制机制改革基本完成，军队以及地方各级党委、政府担负的国防教育职能被统一调整由党中央和地方各级党委负责，具体工作由各级党委宣传部门承担，加强了党对全民国防教育的领导。适应新体制新部署新要求，需要对《国防教育法》的有关内容进行修改完善，以符合深化改革的工作实际。

4. 破解国防教育工作突出矛盾问题的需要

近年来，军地各级机关认真贯彻党中央决策部署，扎实开展全民国防教育，取得明显成效，但国防教育的覆盖面、时代感和实效性还不强。从实践中看，损坏军事设施，阻碍军事通信，非法买卖武装部队制式服装，非法获取国家秘密，侵害英雄烈士名誉、荣誉等一系列涉及国防军事的案件仍时有发生。修订《国防教育法》,从国家层面加强顶层筹划设计,对新时代全民国防教育的基本内容、方法手段、相关保障等作进一步强调明确,有利于不断提升国防教育的质量水平。

(三)《国防教育法》修订的基本原则和过程

《国防教育法》修订始终突出新时代的旗帜引领、突出新体制的现实需要、突出新任务的战略牵引,注重把握国家安全形势的发展变化、把握宣传思想文化工作的时代要求、把握国防教育工作的特点规律,顺应时势,贴近实践,针对问题拿出治本管用的制度措施。

一是把握根本遵循。坚持以习近平新时代中国特色社会主义思想为指导,全面贯彻落实党的二十大和二十届二中、三中全会精神,深入贯彻习近平强军思想和习近平文化思想,特别是习近平总书记关于加强全民国防教育的一系列重要指示精神,为新时代全民国防教育工作提供科学指南。二是注重体系设计。着眼构建衔接协调、系统配套的国防教育法律法规制度体系,对国防教育的方针原则、目标任务、基本内容和有关保障等作出规范,既为普及国防教育提供法律依据,也为制定与之配套的政策规定预留空间。三是突出问题导向。把破解制约国防教育工作深入发展的现实矛盾作为着眼点,坚持创新驱动、破立结合,着力研究解决领导体制不顺、工作机构不全、相关保障不力等问题。四是注重实践应用。针对国防教育涉及军地、覆盖全民、需要长期开展的实际,既体现原则要求,又注重具体规范,尽量细化明确相关规定,便于实践应用和操作。

2024年,《国防教育法》修订被列入全国人民代表大会常务委员会年度立法工作计划。根据党中央决策部署,中央宣传部牵头,会同中央军委国防动员部、全国人大常委会法工委等单位扎实推进法律修订工作。一是做好理论准备。认真学习习近平总书记关于加强全民国防教育的重要指示精神，全面梳理党中央、国务院和中央军委有关文件规定，参考研究国外相关立法经验。二是开展专题调研。到12个省(自治区、直辖市)进行调研，了解掌握开展全民国防教育的情况、遇到的矛盾问题和对策建议。三是组织重点论证。针对各级普遍反映的矛盾问题，将有关重大理论课题委托军地有关院校、科研单位和国防教育工作机构研究攻关，多次召开专题座谈会进行研究论证。四是广泛征求意见。起草修订草案初稿后，先后3轮送中央和国家机关有关部门、中央军委机关有关部门、部分人民团体、地方等单位征求意见建议，形成了《中华人民共和国国防教育法(修订草案送审稿)》，2023年12月报请中央宣传思想文化工作领导小组审议，根据审议意见再次修改完善，形成了《国防教育法(修订草案)》。根据党中央有关精神，2024年2月，中央宣传部致函全国人民代表大会常务委员会办公厅，建议由委员长会议提请全国人民代表大会常务委员会审议《国防教育法(修订草案)》。据此，法制工作委员会将中央宣传部送来的修订草案等文件转化为委员长会议提请常委会审议的议案代拟稿、修订草案及说明。按照《中华人民共和国立法法》(以下简称《立法法》)的规定，经委员长会议审议，决定将《国防教育法(修订草案)》提请本次常委会会议审议。

(四)《国防教育法》重要条款解读

1.国防教育的内涵与指导思想

《国防教育法》第二条　国家在全体公民中开展以爱国主义为核心，以履行国防义务为目的，与国防和军队建设有关的理论、知识、技能以及科技、法律、心理等方面的国防教育。

国防教育是建设和巩固国防的基础，是增强民族凝聚力、提高全民素质的重要途径。

第三条　国防教育坚持以马克思列宁主义、毛泽东思想、邓小平理论、“三个代表”重要思想、科学发展观、习近平新时代中国特色社会主义思想为指导，坚持总体国家安全观，培育和践行社会主义核心价值观，铸牢中华民族共同体意识，使全体公民增强国防观念、强化忧患意识、掌握国防知识、提高国防技能，依法履行国防义务。

修订前的《国防教育法》未对“国防教育”进行界定，也未明确其具体内涵。修订后的《国防教育法》在“总则”中对国防教育的内涵作出阐释，明确国防教育的核心、目的和内容范围，强调以爱国主义为引领，引导公民树立正确的国防观，激发爱国热情，促使公民积极履行国防义务。同时，修订后的《国防教育法》丰富了国防教育的内容，从多方面提升公民国防素养。《国防教育法》第三条规定：“国防教育坚持以马克思列宁主义、毛泽东思想、邓小平理论、‘三个代表’重要思想、科学发展观、习近平新时代中国特色社会主义思想为指导，坚持总体国家安全观，培育和践行社会主义核心价值观，铸牢中华民族共同体意识，使全体公民增强国防观念、强化忧患意识、掌握国防知识、提高国防技能，依法履行国防义务。”该规定进一步为全民参与国防教育明确了指导思想。

2. 国防教育的领导体制和工作机制

《国防教育法》第四条　坚持中国共产党对国防教育工作的领导，建立集中统一、分工负责、军地协同的国防教育领导体制。

第五条　中央全民国防教育主管部门负责全国国防教育工作的指导、监督和统筹协调。中央国家机关各部门在各自的职责范围内负责国防教育工作。中央军事委员会机关有关部门按照职责分工，协同中央全民国防教育主管部门开展国防教育。

县级以上地方全民国防教育主管部门负责本行政区域内国防教育工作的指导、监督和统筹协调；其他有关部门在规定的职责范围内开展国防教育工作。驻地军事机关协同地方全民国防教育主管部门开展国防教育。

坚持和加强党对全民国防教育的领导，是新时代全民国防教育领导体制机制改革的重要内容。《国防教育法》第四条规定“坚持中国共产党对国防教育工作的领导”，旗帜鲜明地将党对国防教育工作的领导写进法律规定，明确了国防教育的领导机制。修订后的《国防教育法》还建立了“集中统一、分工负责、军地协同”的国防教育领导体制，同时，对修订前的《国防教育法》中“国务院领导全国的国防教育工作。中央军事委员会协同国务院开展全民国防教育”的规定进行相应修订，明确“中央全民国防教育主管部门负责全国国防教育工作的指导、监督和统筹协调”，并规定了地方各级全民国防教育主管部门和其他军地有关部门的职责。这些内容的修改，进一步明确了党对国防教育的绝对领导，细化了各单位各部门的权限与职责，这对全民国防教育的集中统一和各司其职有着非常重要的意义。

3.学校国防教育的内容与规定

《国防教育法》第十三条　学校国防教育是全民国防教育的基础，是实施素质教育的重要内容。

教育行政部门应当将国防教育列入工作计划，加强对学校国防教育的组织、指导和监督，并对学校国防教育工作定期进行考核。

学校应当将国防教育列入学校的工作和教学计划，采取有效措施，保证国防教育的质量和效果。

第十四条　小学和初级中学应当将国防教育的内容纳入有关课程，将课堂教学与课外活动相结合，使小学生具备一定的国防意识、初中学生掌握初步的国防知识和国防技能。

小学和初级中学可以组织学生开展以国防教育为主题的少年

军校活动。教育行政部门、共产主义青年团和其他有关部门应当加强对少年军校活动的指导与管理。

小学和初级中学可以根据需要聘请校外辅导员,协助学校开展多种形式的国防教育活动。

第十五条　高中阶段学校应当在有关课程中安排专门的国防教育内容,将课堂教学与军事训练相结合,使学生掌握基本的国防理论、知识和技能,具备基本的国防观念。

普通高等学校应当设置国防教育课程,加强国防教育相关学科建设,开展形式多样的国防教育活动,使学生掌握必要的国防理论、知识和技能,具备较强的国防观念。

第十六条　学校国防教育应当与兵役宣传教育相结合,增强学生依法服兵役的意识,营造服兵役光荣的良好氛围。

第十七条　普通高等学校、高中阶段学校应当按照规定组织学生军事训练。

普通高等学校、高中阶段学校学生的军事训练,由学校负责军事训练的机构或者军事教员组织实施。

学校组织军事训练活动,应当采取措施,加强安全保障。

驻地军事机关应当协助学校组织学生军事训练。

第十八条　中央全民国防教育主管部门、国务院教育行政部门、中央军事委员会机关有关部门负责全国学生军事训练工作。

县级以上地方人民政府教育行政部门和驻地军事机关应当加强对学生军事训练工作的组织、指导和监督。

第十九条　普通高等学校、高中阶段学校应当按照学生军事训练大纲,加强军事技能训练,磨练学生意志品质,增强组织纪律性,提高军事训练水平。

学生军事训练大纲由国务院教育行政部门、中央军事委员会机关有关部门共同制定。

学校国防教育是全民国防教育的基础，是实施素质教育的重要内容。《国防教育法》此次修订，对学校国防教育内容改动较大。第十三条第三款规定："学校应当将国防教育列入学校的工作和教学计划，采取有效措施，保证国防教育的质量和效果。"将国防教育列入学校的工作和教学计划被写进了法律，这在增强学生国防观念、培养国家安全意识和忧患危机意识、弘扬爱国主义精神等方面将发挥重要作用。第十四、十五条对小学和初级中学、高中阶段学校、普通高等学校的国防教育目标、内容和方法途径等进行补充完善，并对国防教育课程设置提出明确要求。新修订的《国防教育法》着眼构建各级各类学校相互衔接的国防教育体系，进一步明确了学校开展国防教育的职责、路径和保障，体现了国防教育在学校整体工作中的重要作用。

尤其值得注意的是，修订后的《国防教育法》第二章"学校国防教育"，由原来的五条修订为现行的七条。其中，对高中阶段学校和普通高等学校的军事训练作出了明确要求。学校组织学生进行军事训练的条款由原《国防教育法》的第十五条调整为第十七条、十八条和十九条。2021 年修订的《兵役法》对兵役宣传教育作出规定，并将普通高等学校毕业生的征集年龄放宽到 24 周岁，研究生的征集年龄放宽到 26 周岁。与此相衔接，修订后的《国防教育法》第十六条规定，学校国防教育应当与兵役宣传教育相结合，这将有助于提升青年学生的国防意识，弘扬爱国主义精神，增强学生依法服兵役意识，营造服兵役光荣的良好氛围。

4. 社会国防教育的规定与渠道

《国防教育法》第二十一条　负责培训国家工作人员的各类教育机构，应当将国防教育纳入培训计划，设置适当的国防教育课程。

国家根据需要选送地方和部门的负责人到有关军事院校接受培训，学习和掌握履行领导职责所必需的国防理论、知识和技能等。

第二十三条　省军区(卫戍区、警备区)、军分区(警备区)和县、自治县、不设区的市、市辖区的人民武装部按照国家和军队的有关规定,结合政治教育和组织整顿、军事训练、执行勤务、征兵工作以及重大节日、纪念日活动,对民兵进行国防教育。

民兵国防教育,应当以基干民兵和担任领导职务的民兵为重点,建立和完善制度,保证受教育的人员、教育时间和教育内容的落实。

预备役人员所在单位应当按照有关规定开展预备役人员教育训练。

第二十五条　文化和旅游、新闻出版、广播电视、电影、网信等部门和单位应当根据形势和任务的要求,创新宣传报道方式,通过发挥红色资源教育功能、推出优秀文艺作品、宣传发布先进典型、运用新平台新技术新产品等形式和途径开展国防教育。

中央和省、自治区、直辖市以及设区的市的广播电台、电视台、报刊、新闻网站等媒体应当开设国防教育节目或者栏目,普及国防知识。

第二十六条　各地区、各部门应当利用重大节日、纪念日和重大主题活动等,广泛开展群众性国防教育活动;在全民国防教育日集中开展主题鲜明、形式多样的国防教育活动。

新修订的《国防教育法》第三章"社会国防教育"由原来的六条增加到现行的八条,比修订前增加两条,反映出本次修订加强了对社会国防教育的重视。此次修订对国家机关国防教育的内容做了充实完善,明确要求国家机关工作人员应当具备较高的国防素养,发挥在全民国防教育中的模范带头作用。还规定国家根据需要选送地方和部门的负责人到有关军事院校接受培训,学习和掌握履行领导职责所必需的国防理论、知识和技能等。同时,明确要求文化和旅游、新闻出版、广播电视、电影、网信等部门和单位应当根据形势和任务的要求，创新宣传报道方式，通过发挥红色资源教育功能、推出优秀文艺作品、宣传发布先进典型、运用新平台新技术新产品等形式和途径开展国防教育。此外，新增规定，在广播电台、电视台、报刊的基础上，中央和省、自治区、直辖市以及设区的市的新闻网站等也应当开设国防教育节目或者栏目，普及国防知识。

5.**国防教育经费和法律责任**

《国防教育法》第二十八条　县级以上人民政府应当将国防教育纳入国民经济和社会发展规划以及年度计划，将国防教育经费纳入预算。

国家机关、事业组织、群团组织开展国防教育所需经费，在本单位预算经费内列支。

企业开展国防教育所需经费，在本单位职工教育经费中列支。

学校组织学生军事训练所需经费，按照国家有关规定执行。

第二十九条　国家鼓励企业事业组织、社会组织和个人捐赠财产，资助国防教育的开展。

企业事业组织、社会组织和个人资助国防教育的财产，由国防教育领域相关组织依法管理。

国家鼓励企业事业组织、社会组织和个人提供或者捐赠所收藏的具有国防教育意义的实物用于国防教育。使用单位对提供使用的实物应当妥善保管，使用完毕，及时归还。

第三十条　国防教育经费和企业事业组织、社会组织、个人资助国防教育的财产，必须用于国防教育事业，任何单位或者个人不得侵占、挪用、克扣。

第三十一条　具备下列条件的场所，可以由设区的市级以上全民国防教育主管部门会同同级军事机关命名为国防教育基地：

（一）有明确的国防教育主题内容；

（二）有健全的管理机构和规章制度；

(三)有相应的国防教育设施;

(四)有必要的经费保障;

(五)有显著的社会教育效果。

国防教育基地应当加强建设,不断完善,充分发挥国防教育功能。

各级全民国防教育主管部门会同有关部门加强对国防教育基地的规划、建设和管理,并为其发挥作用提供必要的保障。

被命名的国防教育基地不再具备本条第一款规定条件的,由命名机关撤销命名。

第三十四条　各级全民国防教育主管部门应当组织、协调有关部门做好国防教育教员的选拔、培训和管理工作,加强国防教育师资队伍建设。

国防教育教员应当从热爱国防教育事业、具有扎实的国防理论、知识和必要的军事技能的人员中选拔,同等条件下优先招录、招聘退役军人。

第三十六条　国家机关、人民团体、企业事业组织以及社会组织和其他组织违反本法规定,拒不开展国防教育活动的,由有关部门或者上级机关给予批评教育,并责令限期改正;拒不改正,造成恶劣影响的,对负有责任的领导人员和直接责任人员依法给予处分。

第三十七条　违反本法规定,侵占、挪用、克扣国防教育经费或者企业事业组织、社会组织、个人资助的国防教育财产的,由有关主管部门责令限期归还;对负有责任的领导人员和直接责任人员依法给予处分。不适用处分的人员,由有关主管部门依法予以处理。

第三十九条　寻衅滋事,扰乱国防教育工作和活动秩序的,或者盗用国防教育名义骗取钱财的,由有关主管部门给予批评教育,并予以制止;造成人身、财产或者其他损害的,应当依法承担相应的民事责任；构成违反治安管理行为的，依法给予治安管理处罚。

《国防教育法》第四章“国防教育保障”的主要目的是确保有关制度能够落实落地，共八条，分别对国防教育经费保障、社会捐助、文物保护、军营开放工作等作出规范，特别是对国防教育基地命名、建设和管理等作出规定要求。《国防教育法》第二十八条规定：“县级以上人民政府应当将国防教育纳入国民经济和社会发展规划以及年度计划，将国防教育经费纳入预算。”这项规定将国防教育经费列入特定专项经费。原《国防教育法》第二十六条规定：“国家鼓励社会组织和个人捐赠财产，资助国防教育的开展。”修订后的《国防教育法》第二十九条增加了“企业事业组织”，一方面，可以弥补国防教育经费不足，发挥拾遗补阙作用；另一方面，通过鼓励社会力量资助国防教育，可以进一步调动社会上的一切积极因素，支持全民国防教育的开展，也有利于进一步弘扬爱国主义精神，增强民族凝聚力。修订后的《国防教育法》对国防教育基地的命名主体进行了修改，由原来的“经省、自治区、直辖市人民政府批准，可以命名为国防教育基地”改为“可以由设区的市级以上全民国防教育主管部门会同同级军事机关命名为国防教育基地”，进一步强化了管理的专业性和规范化。同时，还要求各级全民国防教育主管部门会同有关部门加强对国防教育基地的规划、建设和管理，并为其发挥作用提供必要的保障。此外，由于国防教育的内容丰富、知识面广，修订后的《国防教育法》优化了国防教育教员的选拔条件，第三十四条第二款规定“国防教育教员应当从热爱国防教育事业、具有扎实的国防理论、知识和必要的军事技能的人员中选拔，同等条件下优先招录、招聘退役军人”，将原有的选拔“具有基本的国防知识和必要的军事技能的人员”改为“具有扎实的国防理论、知识和必要的军事技能的人员”，这对国防教育教员的专业素养和技能水平提出了更高的要求。原《国防教育法》强调全民国防教育，规定了拒不履行国防教育义务的法律责任,但不够具体。修订后的第三十六条细化了法律责任,明确规定了“对负有责任的领导人员和直接责任人员”“拒不开展国防教育活动”的法律责任。在国防教育经费保障方面,原《国防教育法》只是规定了“挪用、克扣国防教育经费”的法律责任,修订后的第三十七条规定了“侵占、挪用、克扣国防教育经费或者企业事业组织、社会组织、个人资助的国防教育财产”的法律责任,在行为和客体上都更加完善。另外,修订后的《国防教育法》还在第三十九条规定了寻衅滋事,扰乱国防教育工作和活动秩序,或者盗用国防教育名义骗取钱财,造成人身、财产或者其他损害的法律责任,弥补了原规定存在的缺漏。

三、热点问题聚焦

(一)《国防教育法》修订的亮点

本次修订在保持法律稳定性的基础上,根据国防军事政策制度改革成果,做好相关法律的衔接,并针对实践中的薄弱环节,积极回应发展需求,对国防教育的方针原则、基本内容、领导体制和制度保障等作出规范调整。

本次修订突出新时代的旗帜引领、突出新体制的现实需要、突出新任务的战略牵引,注重把握国家安全形势的发展变化、把握宣传思想文化工作的时代要求、把握国防教育工作的特点规律,顺应时势,贴近实践,针对问题拿出治本管用的制度措施。

本次修订最大的亮点就是,旗帜鲜明地载明了“坚持中国共产党对国防教育工作的领导”,规定建立集中统一、分工负责、军地协同的国防教育领导体制,同时规定了各级全民国防教育主管部门和其他有关部门及驻地军事机关的职责定位,其中,明确“中央全民国防教育主管部门负责全国国防教育工作的指导、监督和统筹协调”。

(二)完善学校国防教育体系

本次修订重点在学校国防教育方面做了“加法”，对相关要求作了明确规定，增强了可操作性。一是分层细化教育目标，修订后的《国防教育法》着眼构建各级各类学校相互衔接的国防教育体系，在原有规定基础上，对小学和初级中学、高中阶段学校、普通高等学校的国防教育目标、内容和方法途径等进行了补充完善，并对国防教育课程设置提出明确要求；二是衔接兵役法规，增加了兵役宣传教育有关内容，明确规定学校国防教育应当与兵役宣传教育相结合，增强学生依法服兵役的意识，营造服兵役光荣的良好氛围；三是深化军训制度改革，进一步明确了普通高等学校和高中阶段学校的学生军训相关要求，规定普通高等学校和高中阶段学校应当按照学生军事训练大纲，加强军事技能训练，同时规定学生军事训练大纲由国务院教育行政部门、中央军事委员会机关有关部门共同制定。

(三)拓展社会国防教育渠道

本次修订从多方面对社会国防教育作了补充完善，拓展了社会国防教育的方法和渠道，推动国防教育融入社会文化生活。一是强化国家机关示范作用，对国家机关国防教育的内容做了充实完善，对国家机关工作人员的国防素养提出了更高要求，明确要求国家机关工作人员应当具备较高的国防素养，发挥在全民国防教育中的模范带头作用；增设负责人军事培训制度，规定国家根据需要选送地方和部门的负责人到有关军事院校接受培训，学习和掌握履行领导职责所必需的国防理论、知识和技能等。二是创新舆论宣传方式，新增新闻网站开设国防教育节目或者栏目的要求，鼓励通过红色资源、文艺作品、新媒体技术等形式和途径开展国防教育。三是丰富群众参与形式，新增了利用重大节日、纪念日和重大主题活动等广泛开展群众性国防教育活动;在全民国防教育日集中开展主题鲜明、形式多样的国防教育活动。四是完善教育基地开放机制,国防教育基地应当对军队人员、退役军人和学生免费开放,在全民国防教育日向社会免费开放。

(四)健全工作保障机制

为确保《国防教育法》的有关制度能够落实落地,本次修订从物质条件、人员和学科建设等方面,健全了国防教育保障机制。一是优化资源保障,完善了国防教育经费、社会捐助、文物保护、基地建设等制度,新增"各级全民国防教育主管部门会同有关部门加强对国防教育基地的规划、建设和管理,并为其发挥作用提供必要的保障"的规定,强化了主管部门对国防教育基地的规划管理。二是强化教员队伍专业标准,进一步优化了国防教育教员选拔条件,新增了"具有扎实的国防理论、知识"这一条件,同时规定国防教育教员选拔在同等条件下优先录用退役军人。三是完善法律责任,新增有关违法情形民事责任条款,扩大违法情形适用范围,强化法律刚性约束。

第四章
中华人民共和国文物保护法

（法律条文）

（自测题）

《中华人民共和国文物保护法》(以下简称《文物保护法》)于1982年11月19日第五届全国人民代表大会常务委员会第二十五次会议通过,是中华人民共和国文化领域的第一部法律。《文物保护法》颁布实施后,又先后历经了五次修正(分别是1991年、2007年、2013年、2015年、2017年)、两次修订(分别是2002年、2024年)。

2024年11月8日,第十四届全国人民代表大会常务委员会第十二次会议表决通过新修订的《文物保护法》,自2025年3月1日起施行。新修订的《文物保护法》共八章一百零一条。此次《文物保护法》的修订,是深入贯彻落实习近平法治思想、习近平文化思想、习近平总书记关于文化遗产保护传承重要论述精神,提升文物事业依法治理水平的重要举措。在保持文物保护基本框架制度稳定的基础上,修订和增加了一些新的制度规范,对于推动新时代文物事业高质量发展,增强历史自觉、坚定文化自信,建设文化强国,具有重要而深远的意义。

修订后的《文物保护法》以最严格制度、最严密法治保护文化遗产,让文化遗产保护成为不可挑战的国家意志。

一、典型案例分析

（一）全国重点文物保护单位仙人洞、吊桶环遗址保护范围违法建设案

【基本案情】

2021年12月，国家电网W县供电分公司在当地文物主管部门反对的情况下，擅自在全国重点文物保护单位仙人洞、吊桶环遗址保护范围和建设控制地带内进行工程施工。12月3日和6日，该县文广新旅局分别向项目施工单位某电建公司和项目建设单位W县供电分公司下达了《责令整改通知书》，但施工单位和建设单位均不予签收。施工单位和建设单位之后继续偷偷施工，造成在仙人洞、吊桶环遗址保护范围和建设控制地带内违法架设4座高压线路铁塔的事实。

【案件结果】

2022年1月，违法建设的4座高压线路铁塔被拆除并恢复原貌。违法案件在S市全市范围内进行了通报。省文物局约谈了S市文广新旅局和W县政府分管副县长，W县人民政府对国家电网W县供电分公司主要负责人进行约谈提醒；将工程施工单位某电建公司纳入黑名单1年，并处罚金20万元。

【案件评析】

《文物保护法》第二十八条　在文物保护单位的保护范围内不得进行文物保护工程以外的其他建设工程或者爆破、钻探、挖掘等作业；因特殊情况需要进行的，必须保证文物保护单位的安全。

因特殊情况需要在省级或者设区的市级、县级文物保护单位的保护范围内进行前款规定的建设工程或者作业的，必须经核定

公布该文物保护单位的人民政府批准,在批准前应当征得上一级人民政府文物行政部门同意;在全国重点文物保护单位的保护范围内进行前款规定的建设工程或者作业的,必须经省、自治区、直辖市人民政府批准,在批准前应当征得国务院文物行政部门同意。

第八十三条第一款第一项　有下列行为之一的,由县级以上人民政府文物行政部门责令改正,给予警告;造成文物损坏或者其他严重后果的,对单位处五十万元以上五百万元以下的罚款,对个人处五万元以上五十万元以下的罚款,责令承担相关文物修缮和复原费用,由原发证机关降低资质等级;情节严重的,对单位可以处五百万元以上一千万元以下的罚款,由原发证机关吊销资质证书:

(一)擅自在文物保护单位的保护范围内进行文物保护工程以外的其他建设工程或者爆破、钻探、挖掘等作业;

在全国重点文物保护单位的保护范围内进行工程建设应当征得国家文物局同意,由省政府批准后方可实施。建设单位 W 县供电分公司在当地文物主管部门明确反对并下达了《责令整改通知书》的情况下,依然违规进行高压线路铁塔架设项目建设,直到省文物局督办后,在 S 市政府的高度重视下,才进行了整改,既造成国有资产的浪费,又造成不良的社会影响。本案也从侧面反映出部分单位和个人文物保护意识的淡薄。

(二)全国重点文物保护单位"八一"起义指挥部旧址之贺龙指挥部旧址建设控制地带内违法建设案

【基本案情】

2017 年,国家文物局通过卫星遥感监测发现,在全国重点文物保护单位"八一"起义指挥部旧址之贺龙指挥部旧址建设控制地带内地物发生变化。2018 年 1 月,J 省文物局会同 N 市文物行政部门和文物执法机构，及时开展实地核查和执法工作。经查，2017 年 5 月，某公司启动了立体停车场建设项目，2017 年 7 月，由某文化旅游发展有限公司继续建设，该项目总建筑面积约 3 500 平方米，计划建设的主楼共 3 层，高 10.6 米，计划建设的立体车库共 6 层，高 11.8 米。现场勘查发现，立体停车场主体建筑基本建成，全部位于贺龙指挥部旧址建设控制地带内。当事人未按规定向文物部门履行报批手续，也未获得规划审批手续，违法建设严重影响了文物周边历史风貌。

【案件结果】

N 市文广新旅局依法立案查处，对违法当事人某文化旅游发展有限公司处以罚款 45 万元的行政处罚，对该文化旅游发展有限公司负责人给予行政记过处分，对文物管理机构 2 名相关责任人给予诫勉谈话及警示谈话，违建停车场被全部拆除。案件处理结果在 N 市人民政府网站上进行了通报。

【案件评析】

《文物保护法》第二十九条第二款　在文物保护单位的建设控制地带内进行建设工程，不得破坏文物保护单位的历史风貌；工程设计方案应当根据文物保护单位的级别和建设工程对文物保护单位历史风貌的影响程度，经国家规定的文物行政部门同意后，依法取得建设工程规划许可。

第八十二条　违反本法规定，地方各级人民政府和县级以上人民政府有关部门及其工作人员，以及其他依法履行公职的人员，滥用职权、玩忽职守、徇私舞弊的，对负有责任的领导人员和直接责任人员依法给予处分。

第八十三条第一款第二项　有下列行为之一的，由县级以上人民政府文物行政部门责令改正，给予警告；造成文物损坏或者其他严重后果的，对单位处五十万元以上五百万元以下的罚款，对个人处五万元以上五十万元以下的罚款,责令承担相关文物修缮和复原费用,由原发证机关降低资质等级;情节严重的,对单位可以处五百万元以上一千万元以下的罚款,由原发证机关吊销资质证书:

(二)工程设计方案未经文物行政部门同意,擅自在文物保护单位的建设控制地带内进行建设工程;

在国家文物保护单位的建设控制地带内进行建设工程,其工程设计方案应当报国家文物局同意,并依法取得建设工程规划许可。本案中,立体停车场建设项目未按规定报送工程设计方案审批就开工建设,是一起典型的法人违法案件。本案中处罚标准是依照修订前的标准"处五万元以上五十万元以下的罚款"。修订后的《文物保护法》针对文物保护单位保护范围和建设控制地带内的违法建设、擅自拆除不可移动文物等多发频发、情节恶劣的违法行为,大幅度提高罚款额度,从原先最高处五十万元罚款调整为最高可以处以一千万元罚款,同时责令承担相关费用,辅以降低资质直至吊销资质证书,极大增强了法律威慑力,推动形成不敢破坏、不能破坏的法治环境。本案还是一起"一案双查"的典型案例,既对违法企业给予行政处罚,又对违反规定的相关责任人员给予党纪政务处分,起到了强大的震慑作用。

(三)省级文物保护单位武功山祭祀遗址之金顶祭祀遗址保护范围内违法建设案

【基本案情】

武功山祭祀遗址为江西省文物保护单位,其中金顶祭祀遗址由葛仙坛、汪仙坛、冲应坛、求嗣坛 4 处古祭坛组成,位于武功山主峰金顶区域,行政区划归属吉安市安福县。保护范围为遗址占地面积向四周延伸 40 米范围,建设控制地带为金顶4个古祭坛保护范围向各方向外延80米。因地处吉安、萍乡两地交界处，两地历史上对管理权存在多次纷争。2015年开始，萍乡市武功山管委会所属的江西武功山实业有限公司对金顶景区游步道系统进行优化改造，修建架空木栈道、疏导平台、木栏杆等公益性基础设施。2019年，为应对山顶高海拔地区极端天气，按照应急救援相关规定，萍乡武功山管委会将疏导平台作为直升机临时停靠点，发挥紧急救援作用。建设工程部分位于金顶祭祀遗址的保护范围和建设控制地带内，未经属地文物部门批复。2023年5月，为防止游客攀爬祭坛，安福武功山管委会未经报批在葛仙坛四周加设铁丝护栏。

【案件结果】

2023年6月，安福武功山管委会拆除葛仙坛周边铁丝护栏，江西武功山实业有限公司拆除文物保护范围内停机坪(疏导平台)，并对拆除部分进行草甸复绿等工作。安福县文广新旅局依法对违法建设单位江西武功山实业有限公司下发《行政处罚事先告知书》，处以10万元罚款。7月31日，罚款缴纳到位。同时，对9名相关责任人分别给予了约谈、诫勉谈话和通报批评，对负有日常安全监管巡查责任的文物安全巡查员予以解聘。

【案件评析】

《文物保护法》第二十九条第二款　在文物保护单位的建设控制地带内进行建设工程，不得破坏文物保护单位的历史风貌；工程设计方案应当根据文物保护单位的级别和建设工程对文物保护单位历史风貌的影响程度，经国家规定的文物行政部门同意后，依法取得建设工程规划许可。

第三十一条第一款　建设工程选址，应当尽可能避开不可移动文物；因特殊情况不能避开的，应当尽可能实施原址保护。

本案中,除依法给予相关单位行政处罚和对相关责任人员问责外,对违章建筑的处理也体现了科学性、实用性。因木栈道、疏导平台等公益性基础设施属于提升景区品质的必备设施,无法避开文物保护单位的保护范围及建设控制地带,为此,建设单位聘请具有文物保护工程勘察设计甲级资质的某文物工程设计有限公司对武功山祭祀遗址保护范围及建设控制地带内木栈道及平台建设工程进行文物影响评估。评估结论为:“不威胁文物单位本体安全,对文物环境不存在直接影响,工程建设及规模符合文物保护保护区划、管理规定的要求。工程在技术、经济、操作上可行,既是与宏观文物发展定位相符的业态与风貌协调,也是微观上契合具体空间利用的功能与设施更新。工程建设符合绝大多数利益相关者的诉求,基于对文化遗产的保护应从传统‘重点隔离’的思路逐渐转向‘整体融入’的开放性理念,武功山木栈道及休憩平台建设工程的文物保护效益、社会效益、生态效益等对文物保护事业、展示利用需求以及当地经济建设与社会发展均具有较大的积极作用。”鉴于此结论,建设控制地带内木栈道未对文物本体造成安全威胁和风貌威胁,予以保留。

(四)上堡梯田农业文化和灌溉工程遗产行政公益诉讼案

【基本案情】

上堡梯田位于江西省赣州市崇义县,是国内三大梯田奇观之一,2018 年 4 月被联合国粮农组织认定为全球重要农业文化遗产,并入选 2022 年 10 月(第九批)世界灌溉工程遗产名录。梯田核心区位于上堡乡水南村、赤水村等地,在上堡梯田水利系统中形成了大量的历史文化遗址遗存,既包括工程遗存,也包括与工程有直接关系的非工程遗存。水南干渠是上堡灌溉工程遗产中最具典型代表性的灌排渠系工程遗存,但由于自然荒芜、管理不善等,水渠内杂草丛生、部分水渠泥沙淤积。赤水村的盘瓠遗存是梯田悠久历史的直接证据，是与灌溉工程和农业文化有直接关系的非工程遗存，因未设置保护设施长期暴露在外，风化严重。2023 年 10 月 7 日，崇义县人民检察院向县水利局制发检察建议，建议其对案涉水渠进行集中清理，同时开展全面核查与整改，建立常态化管护机制。10 月 13 日，崇义县人民检察院向县文广新旅局制发检察建议，建议其立即对盘瓠遗存采取搭建围栏、设置保护标志等措施，积极推动盘瓠申报县级文物保护单位。

【案件结果】

县水利局对案涉水渠进行了集中清理，对规划区内灌溉水渠开展全面检查，清理水渠 10 余公里，并安排人员定期巡查、清理。县文广新旅局对盘瓠遗存采取搭建围栏、设置保护标志等抢救性措施，启动申报县级文物保护单位程序并获县政府批准，制订了长期保护计划。县政府出台《崇义县关于对上堡梯田建立行政与司法保护协作机制的方案》，成立由县领导任组长的保护协作领导小组。针对县文广新旅局因缺乏资金导致整改工作陷入停滞的情况，崇义县人民检察院主动与县财政局协调沟通，争取项目资金。

【案件评析】

《文物保护法》第九条第二款、第三款　地方各级人民政府负责本行政区域内的文物保护工作。县级以上地方人民政府文物行政部门对本行政区域内的文物保护实施监督管理。

县级以上人民政府有关部门在各自的职责范围内，负责有关的文物保护工作。

第九十九条　因违反本法规定造成文物严重损害或者存在严重损害风险，致使社会公共利益受到侵害的，人民检察院可以依照有关诉讼法的规定提起公益诉讼。

上堡梯田作为全球重要农业文化遗产、世界灌溉工程遗产，是中国历史文化遗产体系的重要组成部分。县水利部门应当履行对上堡梯田的日常管理职责，县文化和旅游部门应当按照文物保护的相关要求履行好监督管理职责。本案中，检察机关针对“双遗产”重点保护区内的灌排渠系淤塞及“非工程”遗存保护不力、保护标准不明等问题，督促水利、文化和旅游部门依法全面履职，建立行政执法与司法保护协作机制，推动将“双遗产”纳入县级文物保护单位管理，明确保护标准，强化日常管护，有效促进了文物和文化遗产保护传承。

(五)J市人民检察院诉陈某损害西周青铜编甬钟民事公益诉讼案

【基本案情】

2020年10月25日，陈某在其承包的山地劳动时发现1件青铜器，后得知是古代文物，一般成组出现，具有很高的价值。次日上午，陈某携带锄头到山地继续挖掘出8件青铜器。2021年5月，陈某非法倒卖青铜器时被公安机关当场抓获。经鉴定，案涉文物为西周青铜编甬钟，整体属于国家二级珍贵文物。2021年12月，陈某因倒卖文物被判处有期徒刑2年5个月，并处罚金人民币2万元。因陈某私自挖掘致使文物受损，其行为与文物损害后果之间具有关联性，侵害了社会公共利益，应当承担相应民事责任。因刑事案件侦查过程中仅对文物年代和级别作出鉴定，陈某私自挖掘致使文物受损，而文物资源价值、损害认定、修复评估都需要专业认定，为此，J市检察院委托文物行政主管部门选取文物专家组成评估组，就文物受损形成时间、修复费用进行评估。经专家评估，确定3件青铜编甬钟有13处青铜枚受损，均为近期受外力新损，文物修复费用约为人民币10万元。根据“刑事检察与公益诉讼协作机制”的相关规定，2022年6月，J市检察院向J市中级人民法院提起民事公益诉讼，要求被告陈某承担文物修复费用及专家评估费共 10.4 万元，并在媒体上公开赔礼道歉。

【案件结果】

2022 年 8 月，J 市中级人民法院公开开庭审理本案。法院经审理认为，可移动文物作为社会公众共享的文化资源，属于人文生态环境的重要组成部分。被告对文物的损坏，实质上是对人类宝贵的物质文化遗产的损害，侵害的是社会公共利益。陈某主观上具有间接故意，其客观行为与编甬钟被损坏之间存在因果关系，已构成侵权，检察机关有权对被告行为提起民事公益诉讼，并主张损害修复等民事责任。法院当庭作出一审判决，支持检察机关全部诉讼请求。被告未上诉，该判决已生效并进入执行程序。

【案件评析】

《文物保护法》第五条第一款　中华人民共和国境内地下、内水和领海中遗存的一切文物，以及中国管辖的其他海域内遗存的起源于中国的和起源国不明的文物，属于国家所有。

第二十二条第四项　有下列事迹之一的单位或者个人，按照国家有关规定给予表彰、奖励：

（四）发现文物及时上报或者上交，使文物得到保护的；

第六十八条第一项　禁止买卖下列文物：

（一）国有文物，但是国家允许的除外；

第九十九条　因违反本法规定造成文物严重损害或者存在严重损害风险，致使社会公共利益受到侵害的，人民检察院可以依照有关诉讼法的规定提起公益诉讼。

我国境内地下的一切文物属于国家所有，国有文物禁止买卖。本案中，案涉西周青铜编甬钟经鉴定属于国家二级珍贵文物，具有重要的历史、艺术价值，属于全民族的精神财富，具有社会公共利益的典型特征。陈某如果及时上报或上交给当地文物行政部门，则可能免于行政处罚或刑事责任，并因此得到奖励。但陈某因一己私利导致文物受损，他还私自倒卖，故承担赔偿文物修复费用民事责任的同时还要受到刑事处罚。

二、重点知识解读

(一)《文物保护法》修订的目的和意义

《文物保护法》的第二次修订，将我国文物工作取得的历史性成就和宝贵经验上升为法律，文物法律制度框架得到进一步完善，有效推动了新时代文物工作法治化、规范化、制度化建设，标志着我国文物保护进入依法治理的新阶段。

1.修订《文物保护法》是深入贯彻落实习近平文化思想和习近平总书记关于文化遗产保护传承重要论述精神的必然要求

党的十八大以来，以习近平同志为核心的党中央把文化遗产保护传承工作摆在治国理政突出位置，系统谋划部署文化遗产保护传承工作，提出一系列新思想新观点新论断，为做好新时代新征程文物工作提供了强大思想武器和科学行动指南。此次修订《文物保护法》，坚持以习近平新时代中国特色社会主义思想为指导，深入贯彻落实习近平文化思想、习近平法治思想、习近平总书记关于文化遗产保护传承重要论述和关于文物工作重要指示批示精神，全面贯彻落实党中央关于保护第一、加强管理、挖掘价值、有效利用、让文物活起来的工作要求，坚持保护第一、合理利用和最小干预原则，将党的十八大以来文物工作成熟有效的政策措施和实践经验上升为法律制度，着眼全面加强文化遗产系统性保护，提升文物保护水平，维护国家文物安全，增强法律的针对性和可操作性，从法治层面推动落实文物领域新的改革举措和任务要求，为做好新时代文物工作、传承弘扬中华优秀传统文化提供更加有力的法治保障。

2. 修订《文物保护法》是贯彻落实《宪法》，保障人民基本文化权益，深入践行全过程人民民主的生动实践

修订后的《文物保护法》坚持以人民为中心，注重发挥文物在提供公共文化服务、满足人民精神文化需求、弘扬社会主义核心价值观、增强历史自觉、坚定文化自信等方面的作用，使全体人民共享文物事业发展成果，增强人民群众的幸福感、获得感、成就感。在修订过程中，全国人大和国务院有关部门坚持科学立法、民主立法、依法立法，坚决贯彻立法为了人民、依靠人民的立法理念，多次赴地方开展调研，多次组织论证会、协调会、座谈会，广泛听取意见建议，对涉及人民群众切身利益的条款进行重点研究论证，努力让《文物保护法》满载民意、贴近民生、顺应民心。

3. 修订《文物保护法》是巩固文物保护利用改革发展成果，推动文物事业高质量发展的重要举措

党的十八大以来，在以习近平同志为核心的党中央的坚强领导下，文物事业改革发展取得积极成效，文物安全基础不断夯实，文物保护状况明显改善，文物合理利用日益拓展，社会力量参与文物保护方兴未艾，流失文物追索返还鼓舞人心，“文博热”持续升温，全社会文物保护意识显著增强。此次修订《文物保护法》，锚定建成文化强国目标，把经过实践证明行之有效的文物保护利用改革成果上升为法律制度，如文物普查调查、不可移动文物保护规划、“先调查、后建设”、“先考古、后出让”、开放文物保护单位游客承载量等，最大限度凝聚发展共识、巩固改革成果，促进文物领域治理体系和治理能力现代化，为推动新时代文物事业高质量发展进一步夯实法治基础。

（二）《文物保护法》修订的背景过程

我国是世界上历史最悠久的国家之一，在漫长的历史进程中留存下了极为丰富的历史文化遗产。文物作为前人留给我们的宝贵历史文化遗产，是中华文明光辉灿烂的重要载体，记录、承载和见证着人类的悠悠岁月。保护文物，就是保护历史，传承文明，保护文物和文化遗产，是习近平文化思想的重要内容，是坚定文化自信历史自信、建设文化强国和中华民族现代文明的重要基础。党的十八大以来，习近平总书记对做好新时代文物工作作出一系列重要指示和全面部署，“坚持保护第一”“保护文物也是政绩”“让文物活起来”等理念深入人心，为全国文物工作和文物法治指明了方向。作为新中国颁布的第一部文化领域法律，《文物保护法》自1982年制定出台以来，已有40余年。其间，该法已历经6次修改(1次修订和5次修正)，不断丰富内容，调整规范，建立了相对全面的法律制度，为文物工作提供了坚强的法治保障。新时代文物工作面临新形势、新任务，文物保护领域出现了一些新情况、新问题，特别是在提高文物的认识地位、强化政府责任、坚持应保尽保、促进合理利用、完善法律责任、提升执法强制性等方面存在着很多薄弱之处，为适应文物事业发展需要，有必要对《文物保护法》进行进一步修改完善。

修订《文物保护法》被列入第十四届全国人民代表大会常务委员会立法规划第一类项目和全国人民代表大会常务委员会2023年度立法工作计划。2023年9月，国务院常务会议讨论并原则通过《中华人民共和国文物保护法(修订草案)》。2023年10月，国务院向全国人民代表大会常务委员会提出关于提请审议《中华人民共和国文物保护法(修订草案)》的议案。同月，第十四届全国人民代表大会常务委员会第六次会议对《中华人民共和国文物保护法(修订草案)》进行了初次审议。2024年6月，第十四届全国人民代表大会常务委员会第十次会议进行了二次审议。2024年11月，第十四届全国人民代表大会常务委员会第十二次会议进行了三次审议并通过了新修订的《文物保护法》。

(三)《文物保护法》重要条款解读

1. 首次在法律中明确文物的定义

《文物保护法》第二条　文物受国家保护。本法所称文物，是指人类创造的或者与人类活动有关的，具有历史、艺术、科学价值的下列物质遗存：

（一）古文化遗址、古墓葬、古建筑、石窟寺和古石刻、古壁画；

（二）与重大历史事件、革命运动或者著名人物有关的以及具有重要纪念意义、教育意义或者史料价值的近代现代重要史迹、实物、代表性建筑；

（三）历史上各时代珍贵的艺术品、工艺美术品；

（四）历史上各时代重要的文献资料、手稿和图书资料等；

（五）反映历史上各时代、各民族社会制度、社会生产、社会生活的代表性实物。

文物认定的主体、标准和程序，由国务院规定并公布。

具有科学价值的古脊椎动物化石和古人类化石同文物一样受国家保护。

第十二条　对与中国共产党各个历史时期重大事件、重要会议、重要人物和伟大建党精神等有关的文物，各级人民政府应当采取措施加强保护。

《文物保护法》第二条以“概括＋列举”的方式明确了文物的定义，增强了法律实施的权威性、严肃性。特别是将“与重大历史事件、革命运动或者著名人物有关的以及具有重要纪念意义、教育意义或者史料价值的近代现代重要史迹、实物、代表性建筑”纳入了文物范畴，以及第十二条明确规定各级人民政府应当采取措施加强革命文物保护，表明革命文物承载着党和人民英勇奋斗的光荣历史。习近平总书记强调，切实把革命文物保护好、管理好、运用好。修订后的《文物保护法》规定，“对与中国共产党各个历史时期重大事件、重要会议、重要人物和伟大建党精神等有关的文物，各级人民政府应当采取措施加强保护”。《文物保护法》是第一部明确写入“伟大建党精神”的法律，对于弘扬革命文化、加大革命文物保护力度具有重要意义。

2. 进一步对各级政府职责进行了明确

《文物保护法》第九条　国务院文物行政部门主管全国文物保护工作。

地方各级人民政府负责本行政区域内的文物保护工作。县级以上地方人民政府文物行政部门对本行政区域内的文物保护实施监督管理。

县级以上人民政府有关部门在各自的职责范围内，负责有关的文物保护工作。

第十一条　文物是不可再生的文化资源。各级人民政府应当重视文物保护，正确处理经济建设、社会发展与文物保护的关系，确保文物安全。

基本建设、旅游发展必须把文物保护放在第一位，严格落实文物保护与安全管理规定，防止建设性破坏和过度商业化。

第十三条第一款　县级以上人民政府应当将文物保护事业纳入本级国民经济和社会发展规划，所需经费列入本级预算，确保文物保护事业发展与国民经济和社会发展水平相适应。

第三十二条第二款　不可移动文物有损毁危险，所有人或者使用人不具备修缮能力的，县级以上人民政府应当给予帮助；所有人或者使用人具备修缮能力但拒不依法履行修缮义务的，县级以上人民政府可以给予抢救修缮，所需费用由所有人或者使用人承担。

文物保护工作不是文物部门一家的“单打独斗”，而应该在当地人民政府领导下，各部门彼此支持与配合，形成合力，不断织密保护网、提升保护力。早在2016年4月，习近平总书记对文物工作作出重要指示时指出：各级党委和政府要增强对历史文物的敬畏之心，树立保护文物也是政绩的科学理念，统筹好文物保护与经济社会发展，全面贯彻保护为主、抢救第一、合理利用、加强管理的工作方针，切实加大文物保护力度，推进文物合理适度利用，使文物保护成果更多惠及人民群众。《文物保护法》第九条明确了地方各级人民政府是本行政区域内文物保护工作的责任主体，文物行政部门履行监督管理职责，其他有关部门在各自职责范围内负责。第十一条强调各级人民政府应当重视文物保护，正确处理经济建设、社会发展与文物保护的关系，确保文物安全。习近平总书记强调，发展旅游要以保护为前提，不能过度商业化，让旅游成为人们感悟中华文化、增强文化自信的过程；要本着对历史负责、对人民负责的精神，传承历史文脉，处理好城市改造开发和历史文化遗产保护利用的关系，切实做到在保护中发展、在发展中保护。当前，文物安全形势总体向好，但仍有一些地方没有正确处理文物保护与城乡建设、旅游发展的关系，文物保护主体责任落实不到位，大拆大建、违法建设等情况时有发生。修订后的《文物保护法》明确规定，基本建设、旅游发展必须把文物保护放在第一位，严格落实文物保护与安全管理规定，防止建设性破坏和开发性破坏。同时新增对有损毁危险的不可移动文物，其所有人或者使用人不具备修缮能力的，县级以上人民政府应当履行帮助职责的条款。

3. 进一步明确文物保护的工作要求

《文物保护法》第四条　文物工作坚持中国共产党的领导，坚持以社会主义核心价值观为引领，贯彻保护为主、抢救第一、合理利用、加强管理的方针。

第十条　国家发展文物保护事业，贯彻落实保护第一、加强管理、挖掘价值、有效利用、让文物活起来的工作要求。

与时俱进是《文物保护法》的重要特征。修订后的《文物保护法》既坚持实践中长期行之有效的保护为主、抢救第一、合理利用、加强管理的工作方针，同时将党中央近年来提出的保护第一、加强管理、挖掘价值、有效利用、让文物活起来的工作要求写入法律。“十六字方针”与“二十二字工作要求”一体贯通，同时被规定在法律中，既保持了指导方针的稳定性，又体现了工作上的新要求。

4.新增两项重要前置保护制度

《文物保护法》第二十四条　在旧城区改建、土地成片开发中，县级以上人民政府应当事先组织进行相关区域内不可移动文物调查，及时开展核定、登记、公布工作，并依法采取保护措施。未经调查，任何单位不得开工建设，防止建设性破坏。

第四十三条　在可能存在地下文物的区域，县级以上地方人民政府进行土地出让或者划拨前，应当由省、自治区、直辖市人民政府文物行政部门组织从事考古发掘的单位进行考古调查、勘探。可能存在地下文物的区域，由省、自治区、直辖市人民政府文物行政部门及时划定并动态调整。

进行大型基本建设工程，或者在文物保护单位的保护范围、建设控制地带内进行建设工程，未依照前款规定进行考古调查、勘探的，建设单位应当事先报请省、自治区、直辖市人民政府文物行政部门组织从事考古发掘的单位在工程范围内有可能埋藏文物的地方进行考古调查、勘探。

考古调查、勘探中发现文物的，由省、自治区、直辖市人民政府文物行政部门根据文物保护的要求与建设单位共同商定保护措施；遇有重要发现的，由省、自治区、直辖市人民政府文物行政部门及时报国务院文物行政部门处理。由此导致停工或者工期延长，造成建设单位损失的，由县级以上地方人民政府文物行政部门会同有关部门听取建设单位意见后，提出处理意见，报本级人民政府批准。

针对一些地方在旧城区改建、土地成片开发中搞大拆大建，导致不可移动文物损毁等突出问题，新修订的《文物保护法》总结地方实践探索经验，新增了“先调查、后建设”制度，明确规定县级以上人民政府在开展开发建设活动中应当事先组织进行相关区域内不可移动文物调查，及时开展核定、登记、公布工作，并依法采取保护措施。未经调查，任何单位不得开工建设，防止建设性破坏。

新修订的《文物保护法》贯彻落实习近平总书记关于制定“先

考古、后出让”制度设计和配套政策的要求，总结各地实践经验，新增“先考古、后出让”制度，明确规定在可能存在地下文物的区域，县级以上地方人民政府进行土地出让或者划拨前，应当由省级文物行政部门组织从事考古发掘的单位进行考古调查、勘探，明确文物保护单位保护范围、建设控制地带内建设工程必须事先进行考古调查勘探。实践中，考古调查、勘探发现文物，有时会导致建设工程停工或者工期延长，造成建设单位的损失。此次修订为统筹文物保护与经济社会发展，总结地方实践经验，明确了因考古调查、勘探发现文物导致建设单位损失的处理程序。

5. 关于文物保护单位“两线”范围内工程建设的规定

《文物保护法》第二十八条　在文物保护单位的保护范围内不得进行文物保护工程以外的其他建设工程或者爆破、钻探、挖掘等作业；因特殊情况需要进行的，必须保证文物保护单位的安全。

因特殊情况需要在省级或者设区的市级、县级文物保护单位的保护范围内进行前款规定的建设工程或者作业的，必须经核定公布该文物保护单位的人民政府批准，在批准前应当征得上一级人民政府文物行政部门同意；在全国重点文物保护单位的保护范围内进行前款规定的建设工程或者作业的，必须经省、自治区、直辖市人民政府批准，在批准前应当征得国务院文物行政部门同意。

第二十九条第二款　在文物保护单位的建设控制地带内进行建设工程，不得破坏文物保护单位的历史风貌；工程设计方案应当根据文物保护单位的级别和建设工程对文物保护单位历史风貌的影响程度，经国家规定的文物行政部门同意后，依法取得建设工程规划许可。

修订后的《文物保护法》继续严格执行文物保护单位保护范围和建设控制地带内审批制度，严格控制文物保护单位“两线”范围内的工程建设。全国重点文物保护单位范围内的建设工程必须先经国家文物局同意，再由省级文物行政部门批准后方能实施。建设控制地带内建设工程的审批流程中增加了“建设工程对文物保护单位历史风貌的影响程度”这一考量因素，并明确了“依法取得建设工程规划许可”的要求。

6. 关于国有不可移动文物不得由企业管理的规定

《文物保护法》第三十五条第一款　国有不可移动文物不得转让、抵押，国家另有规定的，依照其规定。建立博物馆、文物保管所或者辟为参观游览场所的国有不可移动文物，不得改作企业资产经营；其管理机构不得改由企业管理。

针对近年来我国旅游开发中部分地区存在的违法转让、抵押国有不可移动文物，将国有不可移动文物作为企业资产经营，片面追求经济效益、忽视保护和管理，过度开发利用文物资源、导致文物被破坏或损毁，甚至擅自拆除文物古迹和历史文化街区、村镇以及历史建筑等问题，新修订的《文物保护法》明确了国有不可移动文物不得改作企业资产经营，增加了“其管理机构不得改由企业管理”的规定，以进一步确保文物安全。

7. 鼓励非国有收藏单位的规定

《文物保护法》第五十条第二款　有关部门应当在设立条件、社会服务要求、财税扶持政策等方面，公平对待国有文物收藏单位和非国有文物收藏单位。

针对国有和非国有文物收藏单位发展不平衡的实际，此次修订将《博物馆条例》有关支持非国有博物馆的规定上升为法律，要求在设立条件、社会服务要求、财税扶持政策等方面公平对待国有文物收藏单位和非国有文物收藏单位，赋予各地区较大的灵活度，根据实际情况支持非国有文物收藏单位发展。

8. 关于文物收藏单位的合理注意义务

《文物保护法》第五十二条第三款　文物收藏单位应当依法履

行合理注意义务，对拟征集、购买文物来源的合法性进行了解、识别。

为防止来源不合法的藏品进入文物收藏单位，遏止盗窃盗掘走私文物违法行为，借鉴《民法典》立法精神，新修订的《文物保护法》增加文物收藏单位的合理注意义务，要求其对拟征集、购买文物来源的合法性进行了解、识别，不得征集、购买来源不合法或者来源不明的文物。这要求文物收藏单位建立健全文物征集程序，加强专业力量把关。

9.关于文物流通领域诚信建设的规定

《文物保护法》第七十二条第四款　除文物销售单位、文物拍卖企业外，其他单位或者个人不得从事文物商业经营活动。

第七十三条第三款　文物销售单位销售文物、文物拍卖企业拍卖文物，应当如实表述文物的相关信息，不得进行虚假宣传。

第七十四条第一款　省、自治区、直辖市人民政府文物行政部门应当建立文物购销、拍卖信息与信用管理系统，推动文物流通领域诚信建设。文物销售单位购买、销售文物，文物拍卖企业拍卖文物，应当按照国家有关规定作出记录，并于销售、拍卖文物后三十日内报省、自治区、直辖市人民政府文物行政部门备案。

第九十条第五项　有下列情形之一的，由县级以上人民政府文物行政部门责令改正，给予警告或者通报批评，没收违法所得、非法经营的文物；违法经营额三万元以上的，并处违法经营额二倍以上十倍以下的罚款；没有违法经营额或者违法经营额不足三万元的，并处五万元以上二十五万元以下的罚款；情节严重的，由原发证机关吊销许可证书：

（五）文物销售单位、文物拍卖企业知假售假、知假拍假或者进行虚假宣传。

针对当前网上各类经营主体未经许可开展网络文物拍卖、扰乱市场秩序等问题，新修订的《文物保护法》进一步加强主体监管，明确规定只有文物销售单位和文物拍卖企业才能从事文物经营活动。针对文物流通领域存在的不诚信、不规范行为,为有效维护文物市场秩序,依法保护收藏者合法权益,此次修订在2017年修正时增加建立文物购销、拍卖信息与信用管理系统的基础上,新增"推动文物流通领域诚信建设"的规定,同时明确文物销售单位销售文物、文物拍卖企业拍卖文物,应当如实表述文物的相关信息,不得欺诈售假、进行虚假宣传,在对应罚则部分增加并明确了对"文物销售单位、文物拍卖企业知假售假、知假拍假或者进行虚假宣传"行为的查处部门和处罚标准。

三、热点问题聚焦

(一)正确处理好发展建设与文物保护之间的关系

习近平总书记强调,"历史文化遗产是不可再生、不可替代的宝贵资源,要始终把保护放在第一位""让城市融入大自然,让居民望得见山、看得见水、记得住乡愁""不能搞'拆真古迹、建假古董'那样的蠢事"。发展经济是领导者的重要责任,保护好古建筑,保护好传统街区,保护好文物,保护好名城,同样也是领导者的重要责任,二者同等重要。新修订的《文物保护法》认真贯彻落实习近平文化思想,全面贯彻落实党中央关于保护第一、加强管理、挖掘价值、有效利用、让文物活起来的工作要求,协调处理好发展建设与文物保护之间的关系。一是明确各级人民政府应当重视文物保护,正确处理经济建设、社会发展与文物保护的关系,确保文物安全。二是明确在确保文物安全的前提下,坚持社会效益优先,有效利用文物资源,提供多样化多层次的文化产品与服务。三是明确基本建设、旅游发展必须把文物保护放在第一位,严格落实文物保护与安全管理规定,防止建设性破坏和过度商业化。四是明确依托历史文化街区、村镇进行旅游等开发建设活动的,应当严格落实相关保护规划和保护措施,控制大规模搬迁,防止过度开发,加强整体保护和活态传承。五是明确县级以上人民政府及其有关部门应当采取措施，在确保文物安全的前提下，因地制宜推动不可移动文物有效利用。

（二）明确不可移动文物保护管理的责任主体

文物所有人、使用人是不可移动文物保护管理的责任主体。新修订的《文物保护法》从修缮补助、监督检查、消防安全等方面加强不可移动文物保护管理。一是明确了不可移动文物的日常修缮、保养责任。国有不可移动文物由使用人负责修缮、保养，非国有不可移动文物由所有人或者使用人负责修缮、保养，县级以上人民政府可以予以补助。对所有人或者使用人不具备修缮能力的，县级以上人民政府应当给予帮助；对所有人或者使用人具备修缮能力但拒不依法履行修缮义务的，县级以上人民政府可以给予抢救修缮，但所需费用由所有人或者使用人承担。二是明确县级以上人民政府文物行政部门应当加强对不可移动文物保护的监督检查，及时发现问题隐患，防范安全风险，并督促指导不可移动文物所有人或者使用人履行保护职责。三是明确不可移动文物的所有人或者使用人应当加强用火、用电、用气等的消防安全管理，根据不可移动文物的特点，采取有针对性的消防安全措施，提高火灾预防和应急处置能力，确保文物安全。四是明确了资质要求。为确保不可移动文物修缮、迁移、重建工作的专业性和规范性，规定了文物保护单位的修缮、迁移、重建，必须由取得文物保护工程资质的单位承担。五是明确坚持最小干预原则，明确不可移动文物的修缮、保养、迁移等必须遵守不改变文物原状和最小干预的原则，确保文物的真实性和完整性。

（三）全面加强对未定级不可移动文物的保护

未定级不可移动文物量大面广，保护任务重、压力大，修订后的《文物保护法》多措并举加强保护。一是明确公布程序，规定未定级不可移动文物在县级人民政府文物行政部门登记后，报本级人民政府和上一级人民政府文物行政部门备案，并向社会公布。二是明确保护要求，规定未定级不可移动文物，由县级人民政府文物行政部门作出标志说明，建立记录档案，明确管理责任人。三是明确原址保护措施和迁移异地保护审批程序，规定未定级不可移动文物的原址保护措施，报县级人民政府文物行政部门批准；未定级不可移动文物需要迁移异地保护或者拆除的，应当报省、自治区、直辖市人民政府文物行政部门批准。四是明确要求制定未定级不可移动文物保护措施，并纳入相关规划。

(四)加强文物活化利用

习近平总书记强调，要让收藏在博物馆里的文物、陈列在广阔大地上的遗产、书写在古籍里的文字都活起来；要让文物说话，让历史说话，让文化说话。新修订的《文物保护法》在进一步加强文物价值挖掘阐释，推动文物活化利用方面有详细具体的规定。一是明确国家支持和规范文物价值挖掘阐释，促进中华文明起源与发展研究，传承中华优秀传统文化，弘扬革命文化，发展社会主义先进文化，铸牢中华民族共同体意识，提升中华文化影响力。二是明确博物馆、纪念馆、文物保管所、考古遗址公园等有关单位应当结合参观游览内容有针对性地开展文物保护宣传教育活动。三是明确县级以上人民政府及其有关部门应当采取措施，在确保文物安全的前提下，因地制宜推动不可移动文物有效利用。四是明确为保护不可移动文物建立的博物馆、纪念馆、文物保管所、考古遗址公园等单位，应当加强对不可移动文物价值的挖掘阐释，开展有针对性的宣传讲解。五是明确国家鼓励和支持文物收藏单位收藏、保护可移动文物，开展文物展览展示、宣传教育和科学研究等活动。六是明确文物收藏单位应当改善服务条件，提高服务水平，为学校、科研机构开展相关教育教学、科学研究等活动提供支持和帮助。七是博物馆应当按照国家有关规定向公众开放，合理确定开放时间和接待人数并向社会公布，采用多种形式提供科学、准确、生动的文字说明和讲解服务。

(五)鼓励社会力量参与不可移动文物保护

文物保护离不开社会力量积极参与。多年来，基层群众性自治组织、志愿者在保护不可移动文物、历史文化名城等方面发挥了重要作用。新修订的《文物保护法》从以下方面作了修改完善：一是明确国家健全社会参与机制，调动社会力量参与文化遗产保护的积极性，鼓励引导社会力量投入文化遗产保护；二是明确公民、组织可以提出核定公布文物保护单位或者登记公布未定级不可移动文物的建议；三是明确有关部门应当在设立条件、社会服务要求、财税扶持政策等方面，公平对待国有文物收藏单位和非国有文物收藏单位；四是明确国家鼓励公民、组织合法收藏，加强对民间收藏活动的指导、管理和服务；五是明确文物行政部门应当对基层群众性自治组织、志愿者等参与不可移动文物保护工作给予指导。

(六)综合使用各类行政处罚手段，加大文物违法行为处罚力度

明确文物行政部门监督检查措施。为增加文物行政部门执法的刚性，及时有效制止并查处文物违法行为，明确县级以上人民政府文物行政部门在依法实施监督检查时，可以采取进入现场进行检查，查阅、复制有关文件资料，询问有关人员，对可能被转移、销毁或者篡改的文件资料予以封存，查封、扣押涉嫌违法活动的场所、设施或者财物，责令行为人停止侵害文物的行为等强制措施。

调整部分行政处罚权实施主体。在不可移动文物领域，新增

对违反不可移动文物原址保护规定、违反建设工程考古调查勘探规定、损毁不可移动文物保护标志等行为的行政处罚权。在民间收藏文物领域,根据“谁审批、谁负责”“谁主管、谁监管”的原则,将原属工商管理部门(现市场监督管理部门)的行政处罚权交由文物行政部门行使,包括未经许可擅自从事文物商业经营活动等违法行为的行政处罚权,新增对文物销售单位、文物拍卖企业有关失信行为进行处罚的权力。

加大文物违法行为处罚力度。针对违反文物保护行政许可规定、破坏文物本体及周边历史风貌等严重违法行为存在过罚不相当的情况,大幅度提高罚款额度,从原先最高处五十万元罚款调整为对单位最高可以处以一千万元罚款,同时责令违法行为人承担相关费用,辅以降低资质等级直至吊销资质证书,增强法律对严重违法行为的震慑。针对有的地方文物保护领域法人违法行为频发的情况,加大对公职人员违法行为惩治,进一步明确了滥用职权、玩忽职守、徇私舞弊等违法行为的主体,新增了“单位违反本法规定受到行政处罚,情节严重的,对单位直接负责的主管人员和其他直接责任人员处五千元以上五万元以下的罚款”的规定。

调整与《刑法》《治安管理处罚法》的衔接规定。根据立法技术规范,将八类依据《刑法》依法追究刑事责任的情形调整表述为“构成犯罪的,依法追究刑事责任”。将刻画、涂污或者损坏文物尚不严重的这一属于违反《治安管理处罚法》的行为,明确交由公安机关给予治安管理处罚,不再规定由文物所在单位处罚。

规定人民检察院对文物保护的公益诉讼。总结近年来各级人民检察院文物保护公益诉讼实践经验,在法律中增加了“因违反本法规定造成文物严重损害或者存在严重损害风险,致使社会公共利益受到侵害的,人民检察院可以依照有关诉讼法的规定提起公益诉讼”的规定。

第五章

中华人民共和国消费者权益保护法实施条例

(法律条文)　　(自测题)

《中华人民共和国消费者权益保护法实施条例》(本章内简称《条例》)于 2024 年 2 月 23 日国务院第二十六次常务会议通过。2024 年 3 月 15 日,国务院总理李强签署《中华人民共和国国务院令(第 778 号)》公布《条例》,自 2024 年 7 月 1 日起施行。

《条例》主要对《中华人民共和国消费者权益保护法》(以下简称《消费者权益保护法》)中相对原则性的条文作出了更细化、更具体的规定,为正确处理保护消费者合法权益和支持经营者依法合规经营的关系,奠定了坚实的法治基础,将更好地支持消费者依法维权,更好地指引经营者依法合规经营,更好地推动消费市场繁荣发展。

一、典型案例分析

(一)某科技有限公司默认搭售案

【基本案情】

T县市场监督管理局执法人员在对某小区内某科技有限公司经营的充电桩进行检查时,发现消费者在充电桩扫码付费时,充电平台上显示默认搭售安全险,每次充电付费缴纳的安全险金额为0.1元。经查,当事人共经营74台充电桩,712个充电位,累计收取搭售安全险金额3 586元,其中2 868.8元(80%)支付给了中国平安财产保险股份有限公司,实际收益为717.2元(20%)。

【案件结果】

根据以上查明的事实,T县市场监督管理局依据《条例》以及《中华人民共和国电子商务法》(以下简称《电子商务法》)等相关规定,责令当事人改正违法行为,没收违法所得717.2元,并处罚款60 000元。

【案件评析】

《条例》第十一条　消费者享有自主选择商品或者服务的权利。经营者不得以暴力、胁迫、限制人身自由等方式或者利用技术手段,强制或者变相强制消费者购买商品或者接受服务,或者排除、限制消费者选择其他经营者提供的商品或者服务。经营者通过搭配、组合等方式提供商品或者服务的,应当以显著方式提请消费者注意。

《电子商务法》第十九条　电子商务经营者搭售商品或者服务,应当以显著方式提请消费者注意,不得将搭售商品或者服务作为默认同意的选项。

第七十七条　电子商务经营者违反本法第十八条第一款规定

提供搜索结果，或者违反本法第十九条规定搭售商品、服务的，由市场监督管理部门责令限期改正，没收违法所得，可以并处五万元以上二十万元以下的罚款；情节严重的，并处二十万元以上五十万元以下的罚款。

搭售，又称“搭配销售”“捆绑销售”“附带条件交易”，是指消费者在网上购买某种产品或者服务的时候，电子商务经营者以隐蔽的方式，将其他的商品或者服务作为默认同意的选项提供给消费者，构成搭配的行为。搭售有时会被消费者所厌恶，《条例》和《电子商务法》并未完全禁止搭售，但对搭售的方式予以限制，强调了电子商务经营者有提醒消费者注意的义务。如果以默认同意作为选项，消费者可以要求撤销相关部分的交易，返还多支付的款项。

（二）X 区某小吃店虚假评价案

【基本案情】

J 市市场监督管理局接到关于 X 区某小吃店存在对其销售的外卖食品的用户评价，作出虚假或者引人误解的商业宣传的投诉信息。执法人员对其经营情况进行检查，发现当事人通过外卖平台销售的食品的包装，夹带“好评返现”的卡片，存在对其销售的外卖食品的用户评价作虚假或者引人误解的商业宣传行为。

【案件结果】

经过对该小吃店的调查，J 市市场监督管理局责令当事人停止违法行为，并作出罚款 3 000 元的行政处罚。

【案件评析】

《条例》第九条第一款　经营者应当采用通俗易懂的方式，真实、全面地向消费者提供商品或者服务相关信息，不得通过虚构经营者资质、资格或者所获荣誉，虚构商品或者服务交易信息、经营数据，篡改、编造、隐匿用户评价等方式，进行虚假或者引人误解的宣传，欺骗、误导消费者。

《网络交易监督管理办法》第十四条　网络交易经营者不得违反《中华人民共和国反不正当竞争法》等规定，实施扰乱市场竞争秩序，损害其他经营者或者消费者合法权益的不正当竞争行为。

网络交易经营者不得以下列方式，作虚假或者引人误解的商业宣传，欺骗、误导消费者：

（一）虚构交易、编造用户评价；

（二）采用误导性展示等方式，将好评前置、差评后置，或者不显著区分不同商品或者服务的评价等；

（三）采用谎称现货、虚构预订、虚假抢购等方式进行虚假营销；

（四）虚构点击量、关注度等流量数据，以及虚构点赞、打赏等交易互动数据。

网络交易经营者不得实施混淆行为，引人误认为是他人商品、服务或者与他人存在特定联系。

网络交易经营者不得编造、传播虚假信息或者误导性信息，损害竞争对手的商业信誉、商品声誉。

《网络反不正当竞争暂行规定》第九条第一款第五项　经营者不得实施下列行为，对商品生产经营主体以及商品销售状况、交易信息、经营数据、用户评价等作虚假或者引人误解的商业宣传，欺骗、误导消费者或者相关公众：

（五）以返现、红包、卡券等方式利诱用户作出指定好评、点赞、定向投票等互动行为；

好评返现，是指消费者在完成网购交易后给予卖家好评，并将好评截图发给卖家，卖家随后向消费者返还少量现金或购物优惠券的行为。这种行为广泛存在于电商平台及许多本地服务平台，违反了诚信市场原则，扰乱了消费环境，侵害了消费者权益。国家市场监督管理总局发布的《网络反不正当竞争暂行规定》第九条第一款第五项明确规定,经营者不得以返现、红包、卡券等方式利诱用户作出指定好评、点赞、定向投票等互动行为。经营者要求消费者昧着良心评价,只会误导更多消费者,这不仅侵犯了其他消费者的知情权,还构成了不正当竞争,涉嫌虚假宣传。部分消费者违心给商家好评,不仅放弃了维护自身合法权益的机会,也会蒙蔽其他的消费者,误导他人上当受骗,损害他人利益。

(三)Q县某商贸行利用格式条款侵害老年消费者权益案

【基本案情】

根据消费者投诉举报线索,Q县市场监督管理局与Q县公安局对Q县某商贸行进行现场检查,发现其在销售和代寄存羊奶粉的过程中,利用格式合同,在其制作的对消费者的"顾客存货单"中,规定"产品不属于预售行为,属于正常销售,并且已同意'产品一经寄存,不得办理退货'的原则"的格式条款。经查,当事人采取向老年人发放宣传单的方式吸引顾客到店,通过讲解介绍、充值会员送羊奶粉等营销方式促销某品牌羊奶粉。因部分消费者单次购买数量较多,当事人与消费者签订"顾客存货单",先行收取全部货款,未提货部分暂存于店内或由当事人按需分批次购进。经检查,该商贸行至案发仍有存货顾客87人,共存放羊奶粉1 619罐,货值金额25万余元,每份"顾客存货单"中均印有"产品一经寄存,不得办理退货"的内容。

【案件结果】

Q县市场监督管理局对该商贸行利用格式条款免除经营者对其所提供的商品依法应当承担的退货责任的违法行为,依法责令该商贸行立即停止使用其制作的格式合同,改正利用格式合同免除其退货责任、侵害消费者权益的条款,并对其作出罚款8万元的行政处罚。

【案件评析】

《条例》第十七条　经营者使用格式条款的，应当遵守消费者权益保护法第二十六条的规定。经营者不得利用格式条款不合理地免除或者减轻其责任、加重消费者的责任或者限制消费者依法变更或者解除合同、选择诉讼或者仲裁解决消费争议、选择其他经营者的商品或者服务等权利。

《合同行政监督管理办法》第七条第三项　经营者与消费者订立合同，不得利用格式条款等方式作出减轻或者免除自身责任的规定。格式条款中不得含有以下内容：

（三）免除或者减轻经营者对其所提供的商品或者服务依法应当承担的修理、重作、更换、退货、补足商品数量、退还货款和服务费用等责任；

《江西省市场监督管理行政处罚裁量权适用规则》第二十条第一款第二项　有下列情形之一的，可以依法从重行政处罚：

（二）违法行为主要针对孕产妇、婴幼儿、儿童、老年人等特定人群的；

一些老年人由于生活环境、学习机会等因素的限制，在吸收新知识、更新信息结构以适应社会快速发展方面存在一定难度，加之他们与社会接触较少，判断识别能力减弱，易成为违法分子欺骗的目标。鉴于当事人羊奶粉促销对象主要为老年人，购买和存货的均是老年特定人群，经营模式引发多起消费投诉举报，存货单涉及人员众多，商品数量、金额较大，具有易于造成社会不稳定的情形，依据《江西省市场监督管理行政处罚裁量权适用规则》第二十条的相关规定，Q县市场监督管理局依法对当事人作出上述行政处罚。

(四)P县某母婴用品店未履行预付式消费经营义务案

【基本案情】

2024年8月,P县市场监督管理局执法人员根据投诉反映事项对某母婴用品店进行现场检查,发现该店以收取预付款方式为消费者提供婴幼儿室内游泳服务,但未与消费者订立书面合同,仅以口头告知方式约定具体内容、价款或费用、预付款退还方式、违约责任等。

【案件结果】

鉴于当事人积极配合市场监督管理部门调查并主动提供证据材料,P县市场监督管理局责令当事人立即改正违法行为,并依法作出警告的行政处罚。

【案件评析】

《条例》第二十二条第一款　经营者以收取预付款方式提供商品或者服务的,应当与消费者订立书面合同,约定商品或者服务的具体内容、价款或者费用、预付款退还方式、违约责任等事项。

第五十条第二款　经营者违反本条例第二十二条规定的,由有关行政部门责令改正,可以根据情节单处或者并处警告、没收违法所得、处以违法所得1倍以上10倍以下的罚款,没有违法所得的,处以50万元以下的罚款;情节严重的,责令停业整顿、吊销营业执照。

预付式消费如今被越来越广泛地应用于教育、健身、美容、餐饮等领域,预付式消费有利于解决经营者尤其是广大中小微企业"融资难、融资贵"的问题,有利于降低消费成本,也是消费者广泛采用的消费方式,本是"双赢"之举,但是这也使消费者面临较高的违约风险,"卷款跑路"、"霸王条款"、收款不退等问题成为消费者的堵点和痛点。《条例》明确了商家以预付款方式提供商品或者服务的，必须与消费者订立书面合同、约定具体服务内容等，规避双方因信息不对称产生的潜在的违约风险，从而维护消费者合法权益。

二、重点知识解读

（一）《条例》概述

《条例》共七章五十三条，主要规定了以下内容：

一是细化和补充经营者义务相关规定。对《消费者权益保护法》规定的保障消费者人身财产安全、缺陷产品处理、禁止虚假宣传、明码标价、使用格式条款、履行质量担保责任、消费者个人信息保护等义务作了细化规定，补充了经营者关于老年人、未成年人消费者权益保护义务相关规定。

二是完善网络消费相关规定。规定经营者不得利用技术手段，强制或者变相强制消费者购买商品或者接受服务，经营者不得在消费者不知情的情况下，对同一商品或者服务在同等交易条件下设置不同的价格或者收费标准。经营者采取自动展期、自动续费等方式提供服务的，应当以显著方式提请消费者注意。直播营销平台经营者应当建立健全消费者权益保护制度。

三是强化预付式消费经营者义务。规定经营者应当按照与消费者的约定提供商品或者服务，不得降低商品或者服务质量，不得任意加价。未按照约定提供商品或者服务的，应当按照消费者的要求履行约定或者退还预付款。经营者出现重大经营风险，应当停止收取预付款；决定停业或者迁移服务场所的，应当提前告知消费者，继续履行义务或者退还未消费的预付款余额。

四是规范消费索赔行为。规定投诉、举报应当遵守法律、法规和有关规定，不得利用投诉、举报牟取不正当利益，侵害经营者的合法权益，扰乱市场经济秩序。商品或者服务的标签标识、说明书、宣传材料等存在不影响商品或者服务质量且不会对消费者造成误导的、瑕疵的，不适用惩罚性赔偿规定。对于通过夹带、掉包、造假、篡改商品生产日期、捏造事实等方式骗取赔偿或者敲诈勒索经营者的，依法予以处理。

五是明确政府消费者权益保护工作职责。规定各级人民政府应当加强对消费者权益保护工作的指导，组织、协调、督促有关行政部门落实消费者权益保护工作职责。有关行政部门应当及时处理消费投诉、举报，开展消费预警和风险提示，加大监督检查和执法力度，及时查处侵害消费者合法权益的行为。

此外，《条例》明确了消费者协会履职要求，细化了消费争议解决相关规定，对违法行为规定了相应的法律责任。

（二）《条例》制定出台的重要意义

党中央、国务院始终高度重视消费者权益保护。习近平总书记多次作出重要论述，强调改善消费环境，强化消费者权益保护；让人民群众买得放心、吃得安心、用得舒心；消费环境优、获得感强、愿消费等。2023 年中央经济工作会议提出优化消费环境；2024 年政府工作报告提出“实施‘放心消费行动’，加强消费者权益保护”，并将其列入国务院重点工作。消费者权益保护关系各行各业和千家万户，是市场经济和社会生活的基础，必须有强大的法治保障。2024 年 3 月 15 日，国务院总理李强签署第 778 号国务院令公布《条例》，公布《条例》正值《消费者权益保护法》实施 30 年之际，意义重大。

《条例》深入贯彻党中央、国务院决策部署，细化《消费者权益保护法》相关规定，构建起消费环境建设和消费者权益保护共同治理体系，强化经营者主体责任、政府消费维权职责、消协组织公益职责，完善消费领域信用体系和消费争议解决体系，统筹保护消费者合法权益和支持经营者依法经营，与《消费者权益保护法》共同形成“一法一条例”框架体系，夯实了消费者权益保护的法治根基。

《条例》的出台是我国消费者权益保护法治进程中的重要突破。该法规通过完善消费者权益保障体系，构建了政府监管、企业自律、消费者参与的多元共治格局，实现了各方权益的动态平衡。《条例》的实施将显著提升消费纠纷解决效率，优化市场消费环境，增强消费信心，对释放内需潜力、推动经济高质量发展具有深远意义。

（三）《条例》制定出台的背景

消费者权益保护事关广大人民群众的衣食住行和切身利益，《消费者权益保护法》出台后，先后作过两次修正。近十年来，我国经济社会快速发展，尤其是平台经济等新业态、新模式不断涌现，消费者权益保护工作面临一些新情况、新问题。在传统消费领域，虚假宣传、“霸王条款”、预付款“退款难”、“卷款跑路”等问题比较突出。在网络消费方面，经营者滥用技术手段、平台规则、自身优势等，侵犯消费者权益的事情多有发生。网络虚假营销、直播带货中的假冒伪劣、“价格歧视”、“大数据杀熟”等问题引发广泛关注。对于这些问题，有的现行规定比较原则，有的还存在制度上的空白，有必要通过制定实施条例，细化补充和完善《消费者权益保护法》的相关规定，进一步健全消费者权益保护的法律制度体系。

在立法过程中，立法者坚持以习近平新时代中国特色社会主义思想为指导，坚持以人民为中心，聚焦当前消费者关注的痛点堵点难点问题，在《消费者权益保护法》的基本框架内完善相关规定。《条例》的出台，正是为了回应时代需求，进一步规范经营者的行为，保护消费者的合法权益。通过明确经营者的义务和责任，提升消费者的知情权和自主选择权，《条例》为消费者提供了更加安全、放心的消费环境，同时也为经营者合法经营创造了良好的市场环境。

(四)《条例》重要条款解读

1. 关于“一老一小”的权益保护问题

《条例》第十五条　经营者不得通过虚假或者引人误解的宣传,虚构或者夸大商品或者服务的治疗、保健、养生等功效,诱导老年人等消费者购买明显不符合其实际需求的商品或者服务。

第十六条　经营者提供网络游戏服务的,应当符合国家关于网络游戏服务相关时段、时长、功能和内容等方面的规定和标准,针对未成年人设置相应的时间管理、权限管理、消费管理等功能,在注册、登录等环节严格进行用户核验,依法保护未成年人身心健康。

第五十条　经营者违反本条例第十条至第十四条、第十六条、第十七条、第十九条至第二十一条规定,其他有关法律、法规对处罚机关和处罚方式有规定的,依照法律、法规的规定执行;法律、法规未作规定的,由市场监督管理部门或者其他有关行政部门责令改正,可以根据情节单处或者并处警告、没收违法所得、处以违法所得1倍以上5倍以下的罚款,没有违法所得的,处以30万元以下的罚款;情节严重的,责令停业整顿、吊销营业执照。

经营者违反本条例第二十二条规定的,由有关行政部门责令改正,可以根据情节单处或者并处警告、没收违法所得、处以违法所得1倍以上10倍以下的罚款,没有违法所得的,处以50万元以下的罚款;情节严重的,责令停业整顿、吊销营业执照。

经营者违反本条例其他规定的,依照消费者权益保护法第五十六条的规定予以处罚。

《条例》第十五条、第十六条以及第五十条规定了对“一老一小”权益的保护,以及若经营者侵犯了“一老一小”的权益,需承担的法律责任。

《条例》第十五条规定中“明显不符合其实际需求”,指的是在生活中，老年人作为保健品消费群体，基于对保健养生的美好期待，在不清楚保健品的实际功能及服用的注意事项等情况下，经不住经营者的诱导，购买了与自身真实需求存在明显差距的保健品。保健品作为介于食品和药品之间的一类特殊食品，其安全性要求应高于一般食品。若消费者对此不加以辨别，可能对特定消费者造成一定危害，难以实现保健目的。

《条例》第十六条明确规定了经营者提供网络游戏服务的，针对未成年人应当设置相应的时间管理、权限管理、消费管理等功能，在注册、登录等环节严格进行用户核验，依法保护未成年人身心健康。

《条例》针对成年人和未成年人使用游戏产品或服务提出具体规范，并且对违反规定的违法经营行为进行处罚提供了明确的处罚依据，这将有效加强对游戏经营者的监管，规避未成年人游戏沉迷、游戏大额充值等问题。

2. 关于规范直播营销活动的问题

《条例》第十三条　经营者应当在其经营场所的显著位置标明其真实名称和标记。

经营者通过网络、电视、电话、邮购等方式提供商品或者服务的，应当在其首页、视频画面、语音、商品目录等处以显著方式标明或者说明其真实名称和标记。由其他经营者实际提供商品或者服务的，还应当向消费者提供该经营者的名称、经营地址、联系方式等信息。

经营者租赁他人柜台或者场地提供商品或者服务，或者通过宣讲、抽奖、集中式体验等方式提供商品或者服务的，应当以显著方式标明其真实名称和标记。柜台、场地的出租者应当建立场内经营管理制度，核验、更新、公示经营者的相关信息，供消费者查询。

第十四条　经营者通过网络直播等方式提供商品或者服务

的，应当依法履行消费者权益保护相关义务。

直播营销平台经营者应当建立健全消费者权益保护制度，明确消费争议解决机制。发生消费争议的，直播营销平台经营者应当根据消费者的要求提供直播间运营者、直播营销人员相关信息以及相关经营活动记录等必要信息。

直播间运营者、直播营销人员发布的直播内容构成商业广告的，应当依照《中华人民共和国广告法》的有关规定履行广告发布者、广告经营者或者广告代言人的义务。

第十九条　经营者通过网络、电视、电话、邮购等方式销售商品的，应当遵守消费者权益保护法第二十五条规定，不得擅自扩大不适用无理由退货的商品范围。

经营者应当以显著方式对不适用无理由退货的商品进行标注，提示消费者在购买时进行确认，不得将不适用无理由退货作为消费者默认同意的选项。未经消费者确认，经营者不得拒绝无理由退货。

消费者退货的商品应当完好。消费者基于查验需要打开商品包装，或者为确认商品的品质和功能进行合理调试而不影响商品原有品质、功能和外观的，经营者应当予以退货。

消费者无理由退货应当遵循诚实信用原则，不得利用无理由退货规则损害经营者和其他消费者的合法权益。

《条例》对网络直播带货作了细化规定，进一步完善了我国消费者权益保护法律制度体系，加大了消费者合法权益保护力度。

(1)强化了信息披露义务。《条例》第十三条规定了主播网络直播带货的信息披露义务，即对标注经营者真实名称和标记提出显著性要求，明确了该显著性要求的适用情形。同时，第十三条也明确了对实际提供商品或者服务的经营者的信息披露义务，也就是在直播带货时不仅要明确“谁在带货”，还要明确是“带谁的货”，该规定确保消费者在维权时能够快速找到责任人，也在一定程度上避免了直播间销售“三无”产品的情况。《条例》第十四条第二款也强调了直播带货中直播营销平台的信息披露义务，即发生消费争议的，直播营销平台经营者应当根据消费者的要求提供直播间运营者、直播营销人员相关信息以及相关经营活动记录等必要信息。直播营销平台应当严格落实身份核验和日常管理责任，在发生消费争议时，积极协助消费者维权，切实改善售后体验。

（2）明确了主播及直播营销平台的消费者权益保护义务。由于直播带货涉及直播营销平台、直播间运营者、直播营销人员、商品销售者等多方主体，在不同经营模式下，各方主体法律关系也会不同。实践中，因消费者购买直播带货的产品出现了争议时，直播平台、带货主播、商家可能会相互推诿、出现“踢皮球”的情况，导致消费者维权难，《条例》第十四条第二款明确了直播营销平台、直播间运营者、直播营销人员均负有消费者权益保护义务。

（3）确定了直播带货广告属性的认定。《条例》第十四条第三款对网络直播带货是否具有广告属性提供了法律上的评价指引，是否构成广告需要根据商业广告的本质属性和现行广告法律法规判断，但一旦认定直播带货属于商业广告，则进入《中华人民共和国广告法》的规制范围，即直播间运营者、直播营销人员应当履行广告发布者、广告经营者或者广告代言人的责任和义务。

（4）保障了消费者无理由退货权益。《条例》第十九条明确了《消费者权益保护法》第二十五条规定的四类商品以外的商品适用“七日无理由退货”的规定，经营者不得擅自扩大不适用无理由退货的商品范围，同时《条例》第十九条第三款和第四款也对消费者无理由退货作出了一定程度的限制，如一些消费者将衣服穿过后、将盲盒类商品拆封后申请退款的情况，损害了经营者的合法权益。

3. 关于自动续费的问题

《条例》第十条　经营者应当按照国家有关规定，以显著方式标明商品的品名、价格和计价单位或者服务的项目、内容、价格和计价方法等信息，做到价签价目齐全、内容真实准确、标识清晰醒目。

经营者采取自动展期、自动续费等方式提供服务的，应当在消费者接受服务前和自动展期、自动续费等日期前，以显著方式提请消费者注意。

第十一条　消费者享有自主选择商品或者服务的权利。经营者不得以暴力、胁迫、限制人身自由等方式或者利用技术手段，强制或者变相强制消费者购买商品或者接受服务，或者排除、限制消费者选择其他经营者提供的商品或者服务。经营者通过搭配、组合等方式提供商品或者服务的，应当以显著方式提请消费者注意。

第十三条　经营者应当在其经营场所的显著位置标明其真实名称和标记。

经营者通过网络、电视、电话、邮购等方式提供商品或者服务的，应当在其首页、视频画面、语音、商品目录等处以显著方式标明或者说明其真实名称和标记。由其他经营者实际提供商品或者服务的，还应当向消费者提供该经营者的名称、经营地址、联系方式等信息。

经营者租赁他人柜台或者场地提供商品或者服务，或者通过宣讲、抽奖、集中式体验等方式提供商品或者服务的，应当以显著方式标明其真实名称和标记。柜台、场地的出租者应当建立场内经营管理制度，核验、更新、公示经营者的相关信息，供消费者查询。

经营者采取自动展期、自动续费等方式提供服务的，在消费者接受服务前和自动展期、自动续费等日期前，应当以显著方式提请消费者注意。经营者应该通过平台发送关于自动续费的消息提示或通过短信、电话告知消费者自动续费的时间，并询问消费者是否有自动续费的意愿，服务期间需提供便捷的随时退订方式和自动续订、自动续费取消途径。经营者在消费者同意自动续费时，不得捆绑其他消费，增加消费者的隐形支出。

有一些 App 用“免费试用”“0.9 元包月”等字样吸引消费者开通会员，但默认勾选“自动续费”且字很小。这类现象与《条例》第十条、第十一条、第十三条规定的“以显著方式”相违背。

《条例》有关自动续费的新规出台，对经营者及行业协会商会等提出了更高的要求和义务，增加了消费者的救济途径，加大了对消费者的保护力度。

4.关于规范处置恶意投诉举报的问题

《条例》第二十七条　市场监督管理部门或者其他有关行政部门应当畅通和规范消费者投诉、举报渠道，完善投诉、举报处理流程，依法及时受理和处理投诉、举报，加强对投诉、举报信息的分析应用，开展消费预警和风险提示。

投诉、举报应当遵守法律、法规和有关规定，不得利用投诉、举报牟取不正当利益，侵害经营者的合法权益，扰乱市场经济秩序。

第四十九条第二款　通过夹带、掉包、造假、篡改商品生产日期、捏造事实等方式骗取经营者的赔偿或者对经营者进行敲诈勒索的，不适用消费者权益保护法第五十五条第一款的规定，依照《中华人民共和国治安管理处罚法》等有关法律、法规处理；构成犯罪的，依法追究刑事责任。

通常情况下，消费者合法维权的权利不会受到影响，遇到问题可以依法投诉、举报，经营者构成欺诈的，也可以依据《消费者权益保护法》主张惩罚性赔偿。但通过夹带、掉包、造假、篡改商品生产日期、捏造事实等方式对经营者进行敲诈勒索，以非法牟利为目的的,显然不属于为生活消费而购买商品或服务的消费者,其行为主体不具有法律保护的合法利益,不属于法律保护的合法行为。权利的行使必须符合立法宗旨,能够实现立法目的,法律既要保障行政相对人依法寻求救济的权利,又要限制不当行使乃至滥用权力的行为。否则,不仅投诉权利受到影响,投诉人亦得不到相关赔偿,而且可能会构成犯罪,可能需要依法承担刑事责任。投诉、举报应当遵守法律、法规和有关规定,不得利用投诉、举报牟取不正当利益,侵害经营者的合法权益,扰乱市场经济秩序。

5. 关于商品标签标识或宣传瑕疵不构成欺诈的问题

《条例》第四十九条第一款　经营者提供商品或者服务有欺诈行为的,消费者有权根据消费者权益保护法第五十五条第一款的规定要求经营者予以赔偿。但是,商品或者服务的标签标识、说明书、宣传材料等存在不影响商品或者服务质量且不会对消费者造成误导的瑕疵的除外。

根据《消费者权益保护法》第五十五条第一款规定,经营者提供商品或者服务有欺诈行为的,应当按照消费者的要求增加赔偿其受到的损失,增加赔偿的金额为消费者购买商品的价款或者接受服务的费用的3倍。由于欺诈行为是严重损害消费者知情权和公平交易权的行为,因此,该法律规定了较为严厉的惩罚性赔偿。不过,如何认定经营者的欺诈行为,在司法实践中仍然存在一定的争议,实践中存在消费者以标签、说明书存在轻微的表述错误或不全面为由要求认定经营者构成欺诈,并主张惩罚性赔偿,从而出现"小错大赔"的不合理结果。

《条例》规定:"商品或者服务的标签标识、说明书、宣传材料等存在不影响商品或者服务质量且不会对消费者造成误导的瑕疵的除外。"由此可知,商品标签标识或宣传瑕疵不构成欺诈须同时满足两个条件:首先,标签瑕疵必须确实未对商品或服务的实际质量产生影响；其次，该瑕疵客观上不会导致消费者在购买时产生错误认知。若仅符合其中一项（如不影响质量但可能误导消费者），仍可能构成欺诈行为。

三、热点问题聚焦

（一）《条例》鼓励依法维权，拒绝恶意投诉

《条例》第二十六条规定，消费者与经营者发生消费者权益争议的，可以向市场监督管理部门或者其他有关行政部门投诉；自然人、法人或者其他组织可以向市场监督管理部门或者其他有关行政部门举报，反映经营者涉嫌违法的线索。

第二十七条第二款规定，投诉、举报应当遵守法律、法规和有关规定，不得利用投诉、举报牟取不正当利益，侵害经营者的合法权益，扰乱市场经济秩序。

依法投诉、举报是国家赋予消费者的权利，但应当正当行使，不得滥用。《消费者权益保护法》对消费欺诈规定了价款或者接受服务的费用的 3 倍的惩罚性赔偿，以及 500 元最低赔偿金额；《中华人民共和国食品安全法》对生产销售不符合国家食品安全标准的食品规定了价款 10 倍或者损失 3 倍的惩罚性赔偿和 1 000 元的最低赔偿金额，目的是鼓励消费者积极维权。但是部分消费者滥用法律赋予的权利，通过反复购买、恶意投诉甚至捏造质量问题等方式牟取不当利益，这种行为不仅违背了法律保护消费者权利的初衷，更扰乱了市场秩序，损害了诚信经营的商家的利益。职业索赔人利用投诉举报进行敲诈勒索，本质上是以违法对抗违法，既破坏了公平竞争环境，也侵蚀了社会诚信基础。这种现象的蔓延将导致商家与消费者之间的信任危机，最终损害的是整个社会的公共利益。《条例》为这个问题的解决提供了明确的法律依据，在第四十九条第二款中规定，通过夹带、掉包、造假、篡改商品生产日

期、捏造事实等方式骗取经营者的赔偿或者对经营者进行敲诈勒索的，不适用《消费者权益保护法》第五十五条第一款的规定，依照《治安管理处罚法》等有关法律、法规处理，构成犯罪的，依法追究刑事责任。也就是说，凡是依法依规投诉、举报的，可以依法得到惩罚性赔偿的支持和鼓励；而滥用法律赋予的权利，为牟取不正当利益反复、恶意投诉、举报，意图迫使商家妥协的，将不会得到支持。

(二)《条例》针对押金退还问题的规定

为保护消费者合法权益，《条例》对押金退还问题作了明确。《条例》第二十条规定，经营者提供商品或者服务时收取押金的，应当事先与消费者约定退还押金的方式、程序和时限，不得对退还押金设置不合理条件；消费者要求退还押金，符合押金退还条件的，经营者应当及时退还。押金是经营者格式合同中较普遍的“霸王条款”之一，通常只规定对消费者不履约或者履约瑕疵等行为进行押金抵扣处罚，而对经营者没有明确押金退还的方式、程序和时限，经营者往往以各种各样的借口不退还押金。所以《条例》要求经营者应当事先与消费者约定退还押金的方式、程序和时限，不得对退还押金设置不合理条件，符合条件的要及时退还。消费者违约时，经营者扣除押金应当以实际损失为标准，而不是简单的“概不退还”。

(三)商家明确“赠品出现问题一概不负责”是否违法

《条例》第七条第二款规定，赠品也应当符合保障人身、财产安全的要求。《条例》第十七条规定“经营者使用格式条款的，应当遵守消费者权益保护法第二十六条的规定。经营者不得利用格式条款不合理地免除或者减轻其责任、加重消费者的责任或者限制消费者依法变更或者解除合同、选择诉讼或者仲裁解决消费争议、选择其他经营者的商品或者服务等权利”，商家以明确“赠品出现问题一概不负责”免除其责任的行为，属违法行为。

《消费者权益保护法》第二十六条规定，“经营者不得以格式条款、通知、声明、店堂告示等方式，作出排除或者限制消费者权利、减轻或者免除经营者责任、加重消费者责任等对消费者不公平、不合理的规定，不得利用格式条款并借助技术手段强制交易。格式条款、通知、声明、店堂告示等含有前款所列内容的，其内容无效”。商家即使明确“赠品出现问题一概不负责”，也不具有法律效力。

（四）消费者因赠品受侵害如何维权

一是消费者要树立维权意识，留存好购买商品时的合同、小票、发票、收银条等证明合同关系的证据；若未即时履行的合同，可通过拍照等方式留存证据。对于赠品或免费提供的服务，应尽量在合同中载明或以拍照等方式予以固定。二是消费者因赠品受侵害时，消费者应当立即就受到损害的事实（如赠品无法正常使用、身体受到伤害的则应提供就医证明或医疗费凭证）进行固定，第一时间将受到侵害的事实告知商家，提供相关证据。三是消费者可以就赠品与商家协商退货、更换、修理或者要求赔偿受到的损失；若无法协商一致，可以向相关行政部门或者消委会投诉，以及向法院提起诉讼，要求商家赔偿损失。

（五）明确直播营销平台经营者的义务

《条例》涉及直播营销平台经营者的条款是第十四条第二款：“直播营销平台经营者应当建立健全消费者权益保护制度，明确消费争议解决机制。发生消费争议的，直播营销平台经营者应当根据消费者的要求提供直播间运营者、直播营销人员相关信息以及相关经营活动记录等必要信息。”

这一规定具有重要的现实意义：首先，它明确了直播营销平台在消费纠纷中的责任边界，防止直播营销平台以“个人信息保护”为由推诿责任；其次，为消费者维权提供了制度保障，确保消费者能够获取必要的维权证据；最后，通过规范直播营销平台行为，有助于构建更加透明、规范的直播电商环境。这一条款通过强制信息披露，重构了直播电商的责任分配体系，既保障消费者权益，又促进业态规范发展。

(六)规定禁止经营者实施价格歧视

《条例》第九条第二款规定，经营者不得在消费者不知情的情况下，对同一商品或者服务在同等交易条件下设置不同的价格或者收费标准。

该条款包含三个核心要点：一是禁止对象为“经营者”，涵盖所有市场主体；二是禁止情形限定为“消费者不知情”的隐蔽性价格差异；三是适用范围明确为“同一商品或者服务在同等交易条件下”。这一规定直指当前大数据杀熟、会员价歧视等新型价格乱象，通过法律形式确立了“同物同价”的基本原则。其法律意义在于：一方面规范了经营者的定价行为，防止滥用市场支配地位；另一方面保障了消费者知情权和公平交易权，要求价格差异必须公开透明。该条款为市场监管提供了明确的执法依据，有助于构建更加公平、透明的消费环境。

(七)细化“三包”有效期限规则

《条例》第十八条第一款规定：“经营者与消费者约定承担退货、更换、修理等义务的有效期限不得低于国家有关规定的要求。有效期限自经营者向消费者交付商品或者提供服务完结之日起计算，需要经营者另行安装的商品，有效期限自商品安装完成之日起计算。经营者向消费者履行更换义务后，承担更换、修理等义务的有效期限自更换完成之日起重新计算。经营者修理的时间不计入上述有效期限。”

该条款对经营者售后义务作出了四方面的明确规定：一是设定最低服务标准，要求经营者承诺的退换修期限不得低于国家规定；二是明确时效起算点，普通商品自交付完成起算，需安装商品自安装完成起算；三是建立“时效重置”机制，更换商品后服务期限重新计算；四是设置“维修暂停”规则，修理期间不计入服务期限。该条款通过细化时效计算规则，既保障消费者在合理期限内享有售后权益，又避免经营者通过技术性操作缩短实际服务期。特别是“时效重置”和“维修暂停”的规定，有效堵住了经营者规避责任的漏洞，体现了《条例》对消费者权益的倾斜保护，有助于构建更加公平、可持续的消费关系。

(八)明确经营者在消费争议解决中的责任与机制

《条例》第四十四条第一款规定，经营者应当建立便捷、高效的投诉处理机制，及时解决消费争议。这是保障消费者权益、规范市场秩序的关键环节。具体来说，经营者应提供多样化的投诉通道，例如在线客服、电话、电子邮件和社交媒体等，以确保消费者投诉能得到快速响应。此外，为了加快争议解决速度，经营者还需制定清晰的投诉处理流程和时间表，向消费者公开处理的程序、进度和反馈等机制。

《条例》第四十四条第二款规定，鼓励和引导经营者建立健全首问负责、先行赔付制度和在线争议解决机制(ODR)，提升处理效率，增强消费者满意度，同时减少对人力资源的过度依赖。在线争议解决机制特别适用于电子商务场景，通过数字化平台实现投诉提交、自动审核与即时赔付的全流程闭环，显著提升了电子商务纠纷处理的便捷性。这种方式既为消费者提供了“即诉即得”的高效维权通道,又大幅降低了商家的运营成本。此外,经营者应通过提升产品质量、完善产品信息披露和优化使用指引,有效预防消费争议并提升商业价值。

第六章
公平竞争审查条例

（法律条文）

（自测题）

党中央、国务院高度重视为经营者营造公平竞争的市场环境。习近平总书记强调，深入推进实施公平竞争政策，全面落实公平竞争审查制度，消除各种市场壁垒。2024年《政府工作报告》中指出，要出台公平竞争审查行政法规。根据《中华人民共和国反垄断法》（以下简称《反垄断法》）等法律，经2024年5月11日国务院第三十二次常务会议通过，2024年6月13日，国务院公布《公平竞争审查条例》（本章内简称《条例》），自2024年8月1日起施行。

本章从两个典型案例入手，分析并展示公平竞争审查制度对加快建设全国统一大市场、完善高水平社会主义市场经济体制、培育和发展新质生产力以及激发各类经营主体发展活力等方面的重要价值和作用。

一、典型案例分析

（一）J省F市人民政府在政策措施中规定将奖补与特定经营者缴纳的税收挂钩，影响经营主体公平竞争案

【基本案情】

2022年，J省F市人民政府印发《关于印发F市支持商贸企业高质量发展暂行办法的通知》，规定“对项目运营公司上缴的企业所得税地方留成部分，按前三年的100%，后两年的50%，纳入地方财政建立企业扶持基金，在五年内以支持企业发展的方式奖励给项目运营公司”“对该生产性企业和新注册的贸易公司所缴税费总数超出原缴税基数的地方留成部分，给予90%的奖补返还”。

【案件结果】

目前，该市人民政府已修订相关文件。

【案件评析】

《条例》第十条　起草单位起草的政策措施，没有法律、行政法规依据或者未经国务院批准，不得含有下列影响生产经营成本的内容：

（一）给予特定经营者税收优惠；

（二）给予特定经营者选择性、差异化的财政奖励或者补贴；

（三）给予特定经营者要素获取、行政事业性收费、政府性基金、社会保险费等方面的优惠；

（四）其他影响生产经营成本的内容。

《公平竞争审查条例实施办法》第十九条第四项　起草涉及经营者经济活动的政策措施，没有法律、行政法规依据或者未经国务

院批准,不得含有下列给予特定经营者选择性、差异化的财政奖励或者补贴的内容:

(四)采取列收列支或者违法违规采取先征后返、即征即退等形式,对特定经营者进行返还,或者给予特定经营者财政奖励或者补贴、减免自然资源有偿使用收入等优惠政策;

《公平竞争审查制度实施细则》第十五条第二款 (二)安排财政支出一般不得与特定经营者缴纳的税收或非税收入挂钩,主要指根据特定经营者缴纳的税收或者非税收入情况,采取列收列支或者违法违规采取先征后返、即征即退等形式,对特定经营者进行返还,或者给予特定经营者财政奖励或补贴、减免土地等自然资源有偿使用收入等优惠政策。

F市人民政府印发的文件违反了以上行政法规及规章的相关规定。政府安排财政支出的目的在于协调和引导经济结构、产业结构、消费结构和社会结构,实现宏观调控目标,而并非支持特定企业,使特定经营者从政府财政奖补政策中获得不当利益以提升竞争优势。行政机关安排财政支出不应以特定经营者地方税收贡献为主要考量。文件将在本地的纳税额作为对特定经营者补贴的依据,有损害竞争环境公平性和行政行为公正性的风险。及时修订该文件,有利于恢复相关市场的公平竞争,从而更好地推动经济发展。

(二)省市场监督管理局纠正S县人民政府滥用行政权力排除、限制竞争行为案

【基本案情】

2022年4月28日,S县人民政府印发《关于印发〈S县文旅产业扶持政策(修订)〉的通知》,制定促进文化和旅游产业发展的扶持政策,设置限制性条件,要求适用范围仅限于“符合县文化和旅

游产业发展规划，并在县登记注册、纳税的文化和旅游类企事业单位或个人”。

【案件结果】

2022 年 8 月 22 日，该省市场监督管理局依法对 S 县人民政府涉嫌滥用行政权力排除、限制竞争行为立案调查。省市场监督管理局认为，当事人的上述行为排除、限制了该县以外的市场主体公平参与当地旅游市场的公平竞争，违反了《反垄断法》第四十五条“行政机关和法律、法规授权的具有管理公共事务职能的组织不得滥用行政权力，制定含有排除、限制竞争内容的规定”的规定，构成滥用行政权力排除、限制竞争行为。

调查期间，当事人认识到上述行为违反了《反垄断法》的相关规定，积极整改，主动采取措施停止了相关行为，消除了相关后果，印发了《关于废止〈S 县文旅产业扶持政策（修订）〉的决定》，并加强制度建设，严格落实公平竞争审查制度，防止排除、限制市场竞争行为。

【案件评析】

《条例》第十条第二项　起草单位起草的政策措施，没有法律、行政法规依据或者未经国务院批准，不得含有下列影响生产经营成本的内容：

（二）给予特定经营者选择性、差异化的财政奖励或者补贴；

《公平竞争审查条例实施办法》第十九条第二项　起草涉及经营者经济活动的政策措施，没有法律、行政法规依据或者未经国务院批准，不得含有下列给予特定经营者选择性、差异化的财政奖励或者补贴的内容：

（二）根据经营者的所有制形式、组织形式等实施财政奖励或者补贴；

《公平竞争审查制度实施细则》第十五条第一款第一项

（一）不得违法给予特定经营者优惠政策，包括但不限于：

1. 没有法律、行政法规或者国务院规定依据，给予特定经营者财政奖励和补贴；

给予特定经营者优惠政策，有利于经营者降低生产经营成本，增强其市场竞争力。行政机关在没有法律、行政法规或者国务院批准情形下，给予“在本县登记注册、纳税的文化和旅游类企事业单位或个人”优惠政策，使其获得不当的竞争优势，违反了以上行政法规及规章的相关规定，妨碍了在县外注册登记但在县内投资经营的其他经营者公平参与市场竞争。县人民政府通过废止该文件，消除了经营者之间不公平竞争的政策因素，有力地维护了市场公平竞争。

二、重点知识解读

（一）《条例》概述

《条例》分为五章，共二十七条。第一章“总则”明确了立法目的、审查范围、工作原则和职责划分等要素。第二章“审查标准”明确了限制或变相限制市场准入和退出、限制商品和要素自由流动、影响生产经营成本、影响生产经营行为四方面审查标准和例外规定适用情形。第三章“审查机制”明确了审查主体、审查程序等内容，并要求建立重大政策措施会同审查等工作机制。第四章“监督保障”规定了建立健全公平竞争审查抽查、举报处理、督查、约谈等监督保障机制，明确了法律责任。第五章“附则”规定国务院市场监督管理部门根据《条例》制定公平竞争审查的具体实施办法，明确《条例》自 2024 年 8 月 1 日起施行。

(二)《条例》制定出台的意义

《条例》是我国首部以行政法规的形式系统规范公平竞争审查制度的立法文件，这一条例的出台标志着我国公平竞争审查工作进入法治化、规范化新阶段。《条例》的出台是贯彻党中央、国务院决策部署的重要举措，对于加快建设全国统一大市场、保障各类经营主体依法平等使用生产要素、公平参与市场竞争，具有十分重要的意义。

一是加快建设全国统一大市场的客观要求。《条例》进一步提升公平竞争审查制度的法治化水平和权威性，有利于从源头规范政府行为，防止出台影响全国统一大市场和公平竞争的政策措施，推动国内市场高效畅通和规模拓展。

二是完善高水平社会主义市场经济体制的内在要求。《条例》进一步明确政府相关行为边界，有利于充分发挥市场在资源配置中的决定性作用，更好地发挥政府作用，构建市场机制有效、微观主体有活力、宏观调度有度的经济体制。

三是培育和发展新质生产力的重要举措。《条例》有利于激发经营主体内生动力和创造活力，强化企业科技创新主体地位，充分发挥超大规模市场具有丰富应用场景和放大创新收益的优势，促进创新要素有序流动和合理配置，推动发展质量变革、效率变革、动力变革。

四是激发各类经营主体发展活力的现实需要。《条例》保障各类经营主体依法平等使用生产要素、公平参与市场竞争，有利于优化市场化、法治化、国际化营商环境，推动要素配置依据市场规则、市场价格、市场竞争实现效益最大化和效率最优化。

(三)《条例》制定的背景过程

2023 年 5 月 12 日,市场监督管理总局在政府网站上发布关于《公平竞争审查条例(征求意见稿)》公开征求意见的公告,向社会公开征求意见,并就该意见稿作出说明,指出《条例》制定的必要性、起草过程及其主要内容。

1. 制定的必要性

党的二十大要求完善产权保护、市场准入、公平竞争、社会信用等市场经济基础制度,破除地方保护和行政性垄断。2022 年 6 月,第十三届全国人民代表大会常务委员会第三十五次会议表决通过《全国人民代表大会常务委员会关于修改〈中华人民共和国反垄断法〉的决定》,明确国家建立健全公平竞争审查制度,行政机关和法律、法规授权的具有管理公共事务职能的组织在制定涉及市场主体经济活动的规定时,应当进行公平竞争审查。

2016 年公平竞争审查制度建立以来,全国各地区、各部门积极推进相关工作,取得明显成效,有力推动全国统一大市场建设,促进有效市场和有为政府更好结合。但制度实施过程中,审查内容不完善、审查程序不健全、刚性约束不足等问题逐步显现,一定程度上制约了制度效果。因此,有必要制定出台《条例》,在行政法规层面作出制度性规定,进一步完善公平竞争审查制度,切实强化竞争政策基础地位,促进加快建设高效规范、公平竞争、充分开放的全国统一大市场,助力构建新发展格局,推动高质量发展。

2. 起草过程

市场监督管理总局将修订《条例》列入 2023 年总局立法工作计划,全面贯彻落实党的二十大精神,坚持以习近平新时代中国特色社会主义思想为指导,坚持问题导向和目标导向,加快推进立法工作,切实提高立法质量。

(1)全面总结审查实践。深入开展省级市场监督管理部门《条例》立法重点问题书面调研，对省、市、县三级市场监督管理部门和相关行业主管部门进行问卷调查。认真总结吸收在天津等九省（市）开展的公平竞争审查四项试点、内蒙古等六省（区、市）公平竞争审查第三方评估等工作中形成的经验做法，并召开立法研讨会，深入研究地方反映的问题和情况，为《条例》起草奠定坚实实践基础。

（2）扎实开展理论研究。委托有关研究机构对立法中的重点难点问题开展专题立法研究，并邀请国务院反垄断委员会专家咨询组、总局反垄断专家库等20余位专家多次召开专家研讨会，就《条例》起草中涉及的相关问题研讨论证，深入分析制度设计的重点难点问题，为《条例》起草奠定坚实理论基础。

（3）认真听取意见建议。2023年3月中旬，就《条例》向公平竞争审查工作部际联席会议各成员单位、各地省级市场监督管理部门征求意见。5月5日，邀请国务院反垄断委员会专家咨询组成员等10位专家召开座谈会，就《条例》涉及的相关问题进行研讨论证，并根据有关方面的意见，对《条例》进行修改完善。

《条例》经2024年5月11日国务院第三十二次常务会议通过，6月13日予以公布，自2024年8月1日起施行。

（四）《条例》重要条款解读

1.公平竞争审查的适用范围进一步扩展

《条例》第二条　起草涉及经营者经济活动的法律、行政法规、地方性法规、规章、规范性文件以及具体政策措施（以下统称政策措施），行政机关和法律、法规授权的具有管理公共事务职能的组织（以下统称起草单位）应当依照本条例规定开展公平竞争审查。

《公平竞争审查制度实施细则》中要求“行政机关以及法律、法规授权的具有管理公共事务职能的组织，在制定市场准入和退出、产业发展、招商引资、招标投标、政府采购、经营行为规范、资质标准等涉及市场主体经济活动的规章、规范性文件、其他政策性文件以及‘一事一议’形式的具体政策措施时，应当进行公平竞争审查，评估对市场竞争的影响，防止排除、限制市场竞争”。而《条例》中要求“起草涉及经营者经济活动的法律、行政法规、地方性法规、规章、规范性文件以及具体政策措施，行政机关和法律、法规授权的具有管理公共事务职能的组织应当依照本条例规定开展公平竞争审查”。

因此，《条例》进一步扩大了审查范围，在原有要求对行政法规、规章、规范性文件、其他政策性文件以及“一事一议”形式的具体政策措施进行审查的基础上，将行政机关和法律、法规授权的具有管理公共事务职能的组织起草的法律、地方性法规也纳入审查范围。

2. 公平竞争审查的政策协调更加完善

《条例》第十二条　起草单位起草的政策措施，具有或者可能具有排除、限制竞争效果，但符合下列情形之一，且没有对公平竞争影响更小的替代方案，并能够确定合理的实施期限或者终止条件的，可以出台：

（一）为维护国家安全和发展利益的；

（二）为促进科学技术进步、增强国家自主创新能力的；

（三）为实现节约能源、保护环境、救灾救助等社会公共利益的；

（四）法律、行政法规规定的其他情形。

《公平竞争审查制度实施细则》第四章以专章的形式规定了“国家经济安全、文化安全、科技安全或者涉及国防建设”“扶贫开发、救灾救助”“节约能源资源、保护生态环境、维护公共卫生健康安全”等公平竞争审查例外情形。适用例外规定的，应当对符合适用例外规定的情形和条件进行详细说明。政策制定机关应当逐年评估适用例外规定的政策措施的实施效果，形成书面评估报告。实施期限到期或者未达到预期效果的政策措施，应当及时停止执行或者进行调整。《条例》第十二条规定，起草单位起草的政策措施，具有或者可能具有排除、限制竞争效果，但符合“维护国家安全和发展利益”“促进科学技术进步、增强国家自主创新能力”“节约能源、保护环境、救灾救助”等情形之一，且没有对公平竞争影响更小的替代方案，并能够确定合理的实施期限或者终止条件的，可以出台。

因此，《条例》将例外规定与“限制或者变相限制市场准入和退出”“限制商品、要素自由流动”“影响生产经营成本”“影响生产经营行为”共同纳入审查标准，进一步完善例外规定，将促进科学技术进步、增强国家自主创新能力等纳入适用情形，规定比例原则，加强竞争政策与产业政策等其他政策的统筹协调。

3. 公平竞争审查机制更加健全

《条例》第十四条　拟由县级以上人民政府出台或者提请本级人民代表大会及其常务委员会审议的政策措施，由本级人民政府市场监督管理部门会同起草单位在起草阶段开展公平竞争审查。起草单位应当开展初审，并将政策措施草案和初审意见送市场监督管理部门审查。

《公平竞争审查制度实施细则》中要求：“涉及市场主体经济活动的行政法规、国务院制定的政策措施，以及政府部门负责起草的地方性法规、自治条例和单行条例，由起草部门在起草过程中按照本细则规定进行公平竞争审查。未经公平竞争审查的，不得提交审议。以县级以上地方各级人民政府名义出台的政策措施，由起草部门或者本级人民政府指定的相关部门进行公平竞争审查。起草部门在审查过程中，可以会同本级市场监督管理部门进行公平竞争审查。未经审查的,不得提交审议。以多个部门名义联合制定出台的政策措施,由牵头部门负责公平竞争审查,其他部门在各自职责范围内参与公平竞争审查。政策措施涉及其他部门职权的,政策制定机关在公平竞争审查中应当充分征求其意见。"《条例》中明确:"拟由部门出台的政策措施,由起草单位在起草阶段开展公平竞争审查。拟由多个部门联合出台的政策措施,由牵头起草单位在起草阶段开展公平竞争审查。拟由县级以上人民政府出台或者提请本级人民代表大会及其常务委员会审议的政策措施,由本级人民政府市场监督管理部门会同起草单位在起草阶段开展公平竞争审查。起草单位应当开展初审,并将政策措施草案和初审意见送市场监督管理部门审查。"

因此,《条例》进一步健全审查机制,根据政策措施不同情形合理确定审查主体,规定由县级以上人民政府出台或者提请本级人民代表大会及其常务委员会审议的政策措施,由本级人民政府市场监督管理部门会同起草单位在起草阶段开展公平竞争审查。

三、热点问题聚焦

国务院新闻办公室于 2024 年 6 月 21 日举行国务院政策例行吹风会,国家市场监督管理总局相关同志介绍《条例》有关情况,并就以下热点关注问题答记者问。

(一)《条例》在我国反垄断法律体系中的定位

我国《反垄断法》对建立健全公平竞争审查制度只是作了原则性规定,《条例》首次以行政法规的形式对公平竞争审查的对象、标准、机制、监督保障等作了全面、系统、详细的规定,填补了公平竞争审查制度的立法空白,标志着我国已经基本形成了具有中国特色、以《反垄断法》为核心、内容比较完备、制度比较健全的反垄断法律体系。

关于《条例》在整个反垄断法律体系中的特殊作用，主要就是预防政府部门出台排除、限制竞争的政策措施。围绕“预防”两个字，为了最大限度地实现预防的效果，《条例》作了一系列制度安排。

1. 坚持应纳尽纳、应审尽审

《条例》将涉及经营者经济活动的所有政策措施，包括法律、行政法规、地方性法规、规章、规范性文件以及具体政策措施都纳入到公平竞争审查范围，这体现了政府部门在维护公平竞争市场秩序方面的一种自我约束、自我监督和带头自觉合规。

2. 坚持精准定位、源头控制

《条例》将公平竞争审查定位在制定有关政策措施的起草环节，可以把政府提请同级人民代表大会及其常务委员会审议的法律、地方性法规纳入审查范围。同时《条例》规定，除第十二条规定的例外情形，没有经过公平竞争审查或者经公平竞争审查不符合《条例》规定的，一律不得出台，增强了制度的刚性约束。

3. 坚持动真格、见真章

《条例》有针对性地设置了监督处理措施和考核评价机制，保障公平竞争审查工作可监督、可检查、可问责。监督措施包括抽查、投诉的处理、督查等，处理措施包括了约谈、处分等，尤其是特别规定，“国务院定期对县级以上地方人民政府公平竞争审查工作机制建设情况、公平竞争审查工作开展情况、举报处理情况等开展督查”，促使各地更加重视公平竞争审查工作，有力提升公平竞争审查制度的权威性和刚性约束。

(二)《条例》如何保障各类经营主体的公平竞争

我国建立公平竞争审查制度的目的就是防止出台排除、限制竞争的措施，为各类经营主体公平竞争营造一个良好的环境。所以,《条例》从四个方面明确了19项政策措施不得包含的内容,建立了一个涵盖经营主体生命全周期、经营全链条的审查标准体系。

1. 在市场准入和退出方面,要保障机会平等

《条例》规定,有关的政策措施不得对市场准入负面清单以外的行业、领域、业务等违法设置审批程序,不得设置一些不合理的或者歧视性的准入条件,也不能通过违法设置或者授予特许经营权、限定交易等方式妨碍市场的公平准入。比如,有的地方可能会通过下发文件等方式直接指定某个企业提供商品和服务,从而排除了其他企业的准入机会,这属于《条例》禁止的行为。

2. 在商品、要素的流动方面,要保障进出自由

《条例》明确,不得限制外地或者进口的商品、要素进入本地市场,也不得阻碍本地经营者迁出,或者商品、要素的流出;不得排斥、限制外地经营者参加本地的政府采购、招标投标等经济活动;不能对外地或者进口的商品、要素以及外地经营者在价格收费、资质标准、监管执法等方面实行歧视性待遇。

3. 在影响生产经营成本方面,要保障竞争公平

《条例》要求,没有法律、行政法规依据或者未经国务院批准,不得给予特定经营者税收优惠,实施选择性、差异化财政奖励或者补贴,也不得在要素获取、行政事业性收费等方面给予特定经营者优惠,目的就是防止有的经营者凭借某些特殊政策获取不正当的竞争优势。

4. 在影响生产经营行为方面,要保障经营自主

《条例》要求,不得强制或者变相强制经营者实施垄断行为,也不得违法干预实行市场调节价的商品、要素价格水平,或者超越法定权限制定政府指导价、政府定价,要切实维护企业的经营自主权。

(三)《条例》如何规定审查机制,保证审查结论公正科学

审查机制的设置实际上关系到公平竞争审查制度最后能不能落到实处。所以,《条例》从以下几个方面作出了具体的规定。

1. **由谁审**

《条例》分三种情形作出了规定。第一种,如果是由一个部门来出台的政策措施,那么就由起草单位来进行公平竞争审查。第二种,如果是由多个部门一起联合出台的政策措施,就要由牵头的起草单位来进行公平竞争审查。第三种,如果是由县级以上人民政府出台,或者要提请本级人民代表大会及其常务委员会审议的政策措施,就要由本级人民政府的市场监督管理部门会同起草单位开展公平竞争审查。通过全方位确定审查的主体,压实审查的责任,确保审查工作能够落实。

2. **何时审**

按照《条例》的规定,公平竞争审查要在政策措施的起草阶段完成,一方面可以充分发挥公平竞争审查的预防功能,切实防止出台排除、限制竞争的政策措施;另一方面,也可以由审查主体根据实际情况,把握具体的审查时间,有利于提高工作效率。

3. **如何审**

《条例》规定了四个方面的审查标准,起草单位要对照审查标准,认真评估政策措施对公平竞争的影响。同时,为了确保审查结论的客观和准确,《条例》还要求在进行公平竞争审查的时候,应当听取有关经营者、行业协会、商会等利害关系人关于公平竞争影响的意见,如果是涉及社会公共利益的,还要听取社会公众的意见。在审查结束后,起草单位还要作出明确的审查结论。如果是适用例外规定的,还要在审查结论中进行详细的说明。

除了在起草阶段进行公平竞争审查之外,《条例》还系统规定了监督保障的措施。比如在保障方面,《条例》要求县级以上人民

政府要建立健全公平竞争审查机制,保障公平竞争审查的工作力量,将公平竞争审查的工作经费纳入本级政府的预算。在监督方面,《条例》对建立健全公平竞争审查的抽查、举报、督查等一系列机制提出了明确的要求,通过内部审查和外部监督相结合来保证审查的质量,确保《条例》的各项要求落到实处。

(四)《条例》如何防止例外情形被滥用

《条例》在审查标准中规定了四种例外的情形,也规定了适用条件,但实际操作中能否严格执行,会影响制度的效果。在公平竞争审查制度的建立之初,立法者就设置了例外的条款,目的就是协调公平竞争和其他的政策目标,在实践中也取得了比较好的效果。《条例》对相关的条款作了进一步的优化,对例外规定的适用作出了非常严格的规定。归纳起来就是要做到“三个严格”:

1. **严格限定例外规定的适用情形**

《条例》规定了四种情形,只有符合这四种情形的政策措施才能适用例外条款。为了维护国家安全和发展利益的,为了促进科学技术进步、增强国家自主创新能力的,为了实现节约能源、保护环境、救灾救助等一些社会公共利益的,以及法律、法规规定的其他情形。这些情形的规定体现了必要性的原则,不属于这些情形的政策措施,就不能适用例外的规定。

2. **严格规定例外规定的适用条件**

从《条例》可以看出,即使属于上述情形的政策措施,也不能自动适用例外规定的条款,还需要再满足两个条件:一是没有对公平竞争影响更小的替代方案,且确定合理的实施期限或者终止条件。起草单位如果要适用例外规定,就需要深入分析有关政策措施对公平竞争的影响、实施的条件等,选择最合理的方案,并且要及时停止执行。这样做的目的是将有关政策措施对公平竞争的影响降到最低。

3. 严格监督检查适用例外规定的政策措施

为了防止例外规定的条款被滥用,《条例》在普遍性的监督保障措施的基础上,还要求适用例外规定条款的政策措施应当在审查结论中作出详细的说明,进一步强化了对相关政策措施的监督。

第七章
法规规章备案审查条例

（法律条文）　　（自测题）

2024年8月19日，国务院第三十九次常务会议审议通过了《法规规章备案审查条例》（本章内简称《条例》）。2024年8月30日，国务院总理李强签署第789号国务院令，正式公布《条例》，《条例》自2024年11月1日起施行。《条例》贯彻落实党中央对备案审查工作的部署要求、《立法法》修改精神和内容，以及《全国人民代表大会常务委员会关于完善和加强备案审查制度的决定》的有关要求，在总结实践经验的基础上，对2001年制定的《法规规章备案条例》作出全面修订，旨在进一步规范法规、规章备案审查工作，落实有件必备、有备必审、有错必纠的工作要求，提高备案审查能力和质量，推动构建系统完备的备案审查制度体系，维护国家法治统一。

一、典型案例分析

（一）《A 市养犬管理办法》关于兽医诊疗机构许可登记的规定纠正案

【基本案情】

备案审查机构对市政府规章《A 市养犬管理办法》（以下简称《养犬管理办法》）进行了主动审查。《养犬管理办法》第七条第二款规定："综合执法部门应会同农业农村、市场监督管理等部门加强行业规范管理，对全市范围的宠物医院、兽医诊疗机构开展调查登记。经审核可以从事免疫、登记、办牌一站式服务的单位，应设立明显标牌并向社会公布。当地行政执法部门要定期开展检查，对检查不合格的单位依法予以处罚。"

【案件结果】

备案审查机构认为《养犬管理办法》与全面深化"放管服""最多跑一次"等改革背景不符，涉嫌违法设定行政许可，向市政府办反馈了书面审查意见。市政府对《养犬管理办法》作出修改并重新备案。

【案件评析】

《条例》第十三条第一项　国务院备案审查工作机构对报送国务院备案的法规、规章，就下列事项进行审查：

（一）是否符合党中央、国务院的重大决策部署和国家重大改革方向；

第十八条　经审查，认为规章应当予以纠正的，国务院备案审查工作机构可以通过与制定机关沟通、提出书面审查意见等方式，建议制定机关及时修改或者废止；或者由国务院备案审查工作机构提出处理意见报国务院决定，并通知制定机关。

《中华人民共和国行政许可法》第十七条　除本法第十四条、第十五条规定的外,其他规范性文件一律不得设定行政许可。

《优化营商环境条例》第三十九条第一款　国家严格控制新设行政许可。新设行政许可应当按照行政许可法和国务院的规定严格设定标准,并进行合法性、必要性和合理性审查论证。对通过事中事后监管或者市场机制能够解决以及行政许可法和国务院规定不得设立行政许可的事项,一律不得设立行政许可,严禁以备案、登记、注册、目录、规划、年检、年报、监制、认定、认证、审定以及其他任何形式变相设定或者实施行政许可。

备案审查机构审查研究认为,在全面深化“放管服”“最多跑一次”等改革背景下,应当严格控制设定或者变相设定行政许可,并通过加强事中事后监管达到管理目的。《养犬管理办法》要求宠物医院、兽医诊疗机构开展免疫、登记、办牌一站式服务需要报主管部门审核,与全面深化“放管服”“最多跑一次”等改革背景不符,与《中华人民共和国行政许可法》《优化营商环境条例》相关规定不一致,涉嫌违法设定行政许可,应予纠正。

(二)《B市城市公园管理办法》关于对污染公园环境行为行政处罚种类和幅度的规定纠正案

【基本案情】

备案审查机构对市政府规章《B市城市公园管理办法》(以下简称《公园管理办法》)进行了主动审查。《公园管理办法》第二十五条中的第二项规定:“违反本办法第二十四条第二项规定的,责令停止损害,视情况可以没收其取土挖石工具,并处500元以下罚款,造成损失的,由直接责任人负责赔偿。”第四项规定:“违反本办法第二十四条第五项规定的,责令停止违法行为,处100元以上500元以下罚款;拒不改正的,可以并处没收垂钓、捕捞、凿冰用具。”第六项规定：“违反本办法第二十四条第八项规定的，责令改正违法行为，对个人处 300 元罚款，对单位处 5 000 元以上 20 000 元以下罚款；其中，向公园水域排放污水、废水的，由生态环境行政主管部门或排水行政主管部门依据各自的职责处理。”

【案件结果】

备案审查机构与制定机关就超越权限、违反上位法的规定等问题进行沟通，并建议制定机关修改。2020 年 6 月，市人民政府对《公园管理办法》作了修改。

【案件评析】

《条例》第十三条第二项、第三项　国务院备案审查工作机构对报送国务院备案的法规、规章，就下列事项进行审查：

（二）是否超越权限；

（三）下位法是否违反上位法的规定；

第十八条　经审查，认为规章应当予以纠正的，国务院备案审查工作机构可以通过与制定机关沟通、提出书面审查意见等方式，建议制定机关及时修改或者废止；或者由国务院备案审查工作机构提出处理意见报国务院决定，并通知制定机关。

《中华人民共和国行政处罚法》第十四条第二款　尚未制定法律、法规的，地方政府规章对违反行政管理秩序的行为，可以设定警告、通报批评或者一定数额罚款的行政处罚。罚款的限额由省、自治区、直辖市人民代表大会常务委员会规定。

《大气污染防治法》第一百一十九条第二款　违反本法规定，在人口集中地区和其他依法需要特殊保护的区域内，焚烧沥青、油毡、橡胶、塑料、皮革、垃圾以及其他产生有毒有害烟尘和恶臭气体的物质的，由县级人民政府确定的监督管理部门责令改正，对单位处一万元以上十万元以下的罚款，对个人处五百元以上二千元以下的罚款。

根据《中华人民共和国行政处罚法》(以下简称《行政处罚法》)第十四条第二款的规定，备案审查机构审查研究认为，规章可以设定警告、通报批评或者一定数额罚款的行政处罚，但不能设定“没收”这一处罚种类，“没收工具”没有上位法依据，超出了政府规章可以设定的行政处罚种类范围，应予纠正。

备案审查机构审查研究认为，该《公园管理办法》第二十五条第六项规定与《大气污染防治法》第一百一十九条第二款的规定不一致，未在上位法规定的幅度内设定行政处罚，处罚额度明显低于上位法规定的幅度，也不符合国家加大环境保护力度的精神，应予纠正。

(三)《C市城市供水管理规定》关于用水收费原则以及行政处罚、行政强制等规定纠正案

【基本案情】

备案审查机构对市政府规章《C市城市供水管理规定》(以下简称《供水管理规定》)进行了主动审查。

《供水管理规定》第二十五条规定，城市供水应在供水成本加税费、合理利润的基础上调整收费标准，按生活用水保本微利、生产用水合理计价、经营用水加倍收费的原则确定。

《供水管理规定》第二十九条规定，逾期不缴水费、超计划用水加价水费者，除按规定缴交滞纳金外，还可按日根据应交金额的1%罚款，但最高不得超过3万元。逾期1个月不缴交者，由供水企业发出催缴通知书，发出通知书1个月内，仍不缴交者，由县以上人民政府或者其委托的部门批准后，停止供水。

【案件结果】

备案审查机构认定《供水管理规定》上述内容存在合法性问题，向市政府办反馈了书面审查意见。2022年12月，该《供水管理

规定》被废止。

【案件评析】

《条例》第十三条第一款第一项至第三项　国务院备案审查工作机构对报送国务院备案的法规、规章，就下列事项进行审查：

（一）是否符合党中央、国务院的重大决策部署和国家重大改革方向；

（二）是否超越权限；

（三）下位法是否违反上位法的规定；

第十八条　经审查，认为规章应当予以纠正的，国务院备案审查工作机构可以通过与制定机关沟通、提出书面审查意见等方式，建议制定机关及时修改或者废止；或者由国务院备案审查工作机构提出处理意见报国务院决定，并通知制定机关。

《城市供水条例》第二十六条第一款　城市供水价格应当按照生活用水保本微利、生产和经营用水合理计价的原则制定。

根据国务院制定的《城市供水条例》第二十六条第一款的相关规定，生产和经营用水的供水价格都应当以合理计价为原则。但《供水管理规定》却将生产和经营用水的供水价格作出区分，与党中央关于减轻企业负担的重要部署精神，以及《城市供水条例》不一致，生产用水仍以合理计价为原则，而经营用水按照加倍收费的原则确定收费标准，加重了相关市场主体的经济负担，应予纠正。

2018 年第一次修订的《城市供水条例》规定，未按规定缴纳水费的，可以处以罚款。2020 年《城市供水条例》第二次修订时，此条款已被删除。而《供水管理规定》未作出相应修改，仍保留相关行政处罚规定，滞后于上位法。同时，逾期不缴纳水费是未按照供水合同约定履行义务的民事违约行为，不属于《行政处罚法》规定的“违反行政管理秩序”的情形，《供水管理规定》对逾期不缴纳水费的行为处以罚款，与《行政处罚法》的规定不一致，超越了法定权限。停止供水属于行政强制措施，2020 年修订的《城市供水条例》删除了未按规定缴纳水费可以采取停止供水等行政强制措施的规定，《供水管理规定》的相关规定已经没有上位法依据，应予纠正。同时，加处滞纳金是行政强制执行的一种法定方式，只能由法律设定，而目前法律尚未对逾期不缴纳水费的行为作出加处滞纳金的规定，故《供水管理规定》无权设定加处滞纳金的规定，其涉嫌超越法定权限，应予纠正。

二、重点知识解读

2024 年 9 月，司法部负责人、专家委员等就《条例》的以下有关问题作出了相应说明。

（一）《条例》的出台背景

法规规章备案审查是维护国家法治统一的重要制度。党中央、国务院高度重视备案审查工作。《法规规章备案条例》自 2002 年 1 月 1 日施行以来，为保障备案审查工作依法有效开展发挥了重要作用。随着全面依法治国深入推进，党中央、国务院对备案审查工作提出了新的要求，《立法法》两次修改对备案审查制度作了完善，全国人民代表大会常务委员会就完善和加强备案审查制度专门作出决定。而备案审查工作实践中还面临着备案审查程序不够完善、审查事项不够全面、有关工作机制不够健全等问题。《法规规章备案条例》已不能完全适应和满足新时代备案审查工作需要，亟需修订完善。

司法部在深入调查研究、广泛听取意见并向社会公开征求意见的基础上，起草了修订草案送审稿，并将条例名称修改为“法规规章备案审查条例”。之后，司法部又广泛征求了有关中央单位、地方人民政府、社会团体和专家学者的意见，并赴山东、河南开展实地调研，经反复研究修改形成了《条例》。

2024 年 8 月 19 日，国务院常务会议审议通过了《条例》。2024 年 8 月 30 日，李强总理签署国务院令，正式公布《条例》。

（二）《条例》修订工作的总体思路

修订工作坚持以习近平新时代中国特色社会主义思想为指导，深入贯彻落实习近平法治思想和习近平总书记关于备案审查工作的重要指示精神，遵循以下总体思路：一是坚持党对备案审查工作的领导，将党中央、国务院关于备案审查工作的决策部署转化为法规制度；二是坚持问题导向，有针对性地细化完善备案审查制度机制，落实“有件必备、有备必审、有错必纠”要求；三是坚持统筹协调，贯彻实施新修改的《立法法》，与全国人民代表大会常务委员会关于完善和加强备案审查制度的决定做好衔接。

（三）《条例》重要条款解读

1. 扩充立法目的

《条例》第一条　为了规范法规、规章备案审查工作，提高备案审查能力和质量，加强对法规、规章的监督，维护社会主义法制的统一，根据《中华人民共和国立法法》的有关规定，制定本条例。

为强化审查功能，将《条例》名称由“法规规章备案条例”修改为“法规规章备案审查条例”，并在第一条中增加了“为了规范法规、规章备案审查工作，提高备案审查能力和质量”的目标，强调了通过完善备案审查制度来加强对法规、规章的监督，维护社会主义法制的统一。

2. 扩大备案范围

《条例》第二条　本条例所称法规，是指省、自治区、直辖市和设区的市、自治州的人民代表大会及其常务委员会依照法定权限和程序制定的地方性法规，经济特区所在地的省、市的人民代表大会及其常务委员会依照法定权限和程序制定的经济特区法规，上海市人民代表大会及其常务委员会依照法定权限和程序制定的浦东新区法规，海南省人民代表大会及其常务委员会依照法定权限和程序制定的海南自由贸易港法规，以及自治州、自治县的人民代表大会依照法定权限和程序制定的自治条例和单行条例。

本条例所称规章，包括部门规章和地方政府规章。部门规章，是指国务院各部、各委员会、中国人民银行、审计署和具有行政管理职能的直属机构以及法律规定的机构(以下统称国务院部门)根据法律和国务院的行政法规、决定、命令，在本部门的权限范围内依照《规章制定程序条例》制定的规章。地方政府规章，是指省、自治区、直辖市和设区的市、自治州的人民政府根据法律、行政法规和本省、自治区、直辖市的地方性法规，依照《规章制定程序条例》制定的规章。

第四条　法规、规章公布后，应当自公布之日起30日内，依照下列规定报送备案：

(一)地方性法规、自治州和自治县的自治条例和单行条例由省、自治区、直辖市的人民代表大会常务委员会报国务院备案；

(二)部门规章由国务院部门报国务院备案，两个或者两个以上部门联合制定的规章，由主办的部门报国务院备案；

(三)省、自治区、直辖市人民政府规章由省、自治区、直辖市人民政府报国务院备案；

(四)设区的市、自治州的人民政府规章由设区的市、自治州的人民政府报国务院备案，同时报省、自治区人民政府备案；

(五)经济特区法规由经济特区所在地的省、市的人民代表大会常务委员会报国务院备案，浦东新区法规由上海市人民代表大会常务委员会报国务院备案，海南自由贸易港法规由海南省人民代表大会常务委员会报国务院备案。

《条例》第二条重新定义了法规、规章，将此前规定中“较大的市”变更为“设区的市、自治州”。《条例》在原有基础上，将“上海市人民代表大会及其常务委员会依照法定权限和程序制定的浦东新区法规、海南省人民代表大会及其常务委员会依照法定权限和程序制定的海南自由贸易港法规”纳入备案范围，与《立法法》的规定保持一致，并在第四条明确上述法规分别由上海市人民代表大会常务委员会、海南省人民代表大会常务委员会报国务院备案。同时，《条例》完善了相应的地方性法规和规章制定主体的法律表述，做到了在报备机关权限内对备案对象的全覆盖。

3. 明确备案审查工作要求

《条例》第三条　法规、规章备案审查工作应当坚持中国共产党的领导，坚持以人民为中心，坚持有件必备、有备必审、有错必纠，依照法定权限和程序进行。

《条例》第三条为新增内容，将“坚持中国共产党的领导，坚持以人民为中心，坚持有件必备、有备必审、有错必纠，依照法定权限和程序进行”作为法规、规章备案审查工作要求。

首先，备案审查工作是中国共产党领导人民推进法治建设实践的重要成果，《条例》明确将坚持中国共产党的领导作为首要要求，就是强调党的领导应当贯穿于备案审查工作的全过程、各环节，并要充分运用好党领导立法的政治优势，确保备案审查工作顺利有效推进。

其次，备案审查工作要践行以人民为中心的发展思想，这也是衡量备案审查工作成效的根本标准。《条例》专门在第十五条规定了调查研究职责，明确国务院备案审查工作机构可以通过座谈会、论证会、听证会、委托研究、实地调研等方式，听取有关方面、专家学者和利益相关方的意见，并要注重发挥备案审查专家委员会的作用，充分体现了备案审查工作对全过程人民民主理念的具体落实。

再次,《条例》强调“有件必备、有备必审、有错必纠”,强化备案后的审查功能,为深入推进新时期法规规章备案审查工作高质量发展夯实了法治基础。备案审查的三个环节紧密相连,缺一不可。其中,备案是基础,只有坚持“有件必备”,即实现备案全覆盖,才能做到“有备必审”;审查是重心,通过法定的审查方式发现合宪性、合法性问题,为“有错必纠”提供精准专业判断;处理是保障,通过启动处理程序,及时纠正违宪、违法的规范性文件,维护国家法治统一。

最后,备案审查工作要依照法定权限和程序进行,这是对备案审查工作在法治轨道上运行的基本要求。《条例》明确了国务院备案审查工作机构和其他机关备案审查工作机构的工作配合与衔接机制,又从报备主体、审查对象和方式、审查时限、备案结果及其效力以及监督等全要素形成了全方位的制度规制,这些刚性约束应成为各级备案审查工作机构必须遵守的实体规则和程序规则。

4. 健全备案审查制度

《条例》第六条　国务院备案审查工作机构依照本条例的规定负责国务院的法规、规章备案工作,履行备案审查监督职责,健全备案审查工作制度,每年向国务院报告上一年法规、规章备案审查工作情况。

第七条　国务院备案审查工作机构应当通过备案审查衔接联动机制加强与其他机关备案审查工作机构的联系,在双重备案联动、移交处理、征求意见、会商协调、信息共享、能力提升等方面加强协作配合。

《条例》第六条新增国务院备案审查工作机构每年向国务院报告上一年法规、规章备案审查工作情况的内容,这项规定既压实了国务院备案审查机构的责任,防止报备工作出现漏洞,也有助于国务院掌握工作全局，推动备案审查工作均衡发展，有利于国务院向全国人民代表大会准确报告相关工作。

《条例》第七条为新增内容，确立了备案审查衔接联动机制，提升了备案审查制度的贯通性和协同性。中国特色的备案审查制度是一个有机整体，具有多主体、多层次、多领域的特征，不同备案审查主体有不同的审查范围与权限，这就必须在程序上设计沟通、移送制度；同时有些被审查的法律文本也需要在不同审查主体之间通过沟通、协调来确保审查处理的及时和判断处理结论的科学。例如，对于地方性法规、经济特区法规等法规来说，它们需要同时向全国人民代表大会常务委员会和国务院备案，国务院备案审查工作机构积极加强与全国人民代表大会常务委员会法制工作机构的联系与沟通，有利于提高审查效率，避免审查结论或意见不一致。

5. **确定审查方式及审查期限**

《条例》第十一条　国务院备案审查工作机构对报送备案的法规、规章进行主动审查，并可以根据需要进行专项审查。主动审查一般应当在审查程序启动后 2 个月内完成；情况疑难复杂的，为保证审查质量，可以适当延长审查期限。

国务院备案审查工作机构发现法规、规章存在涉及其他机关备案审查工作职责范围的共性问题的，可以与其他机关备案审查工作机构开展联合调研或者联合审查，共同研究提出审查意见和建议。

《条例》第十一条为新增内容，明确审查方式包括主动审查、专项审查、与其他机关备案审查工作机构开展联合调研或者联合审查。与全国人民代表大会常务委员会的备案审查职能相比，基于行政权的积极性、主动性特征，国务院备案审查工作机构更应强调其主动审查与专项审查的方式，有效维护国家的法治统一。中国有大量的各个层级的政府规章，它们在调整社会关系、处理公民权利义务等方面相比较法律、法规更加具体、细致和直接。主动审查充分体现了国务院领导全国行政机关工作的宪法要求。专项审查是富有中国特色和创意的法律监督制度,是及时清理特定领域的法规文件,提升审查工作治理效能的重要举措。国务院备案审查工作机构启动专项审查,有利于及时发现特定领域或局部影响经济社会发展的制度障碍,尤其在涉及行政处罚、行政许可、行政强制等领域,从对一域和一件的纠正走向对全局和一片的治理,提升了整体的治理效能。《条例》规定主动审查期限一般为 2 个月。

6. 新增审查事项

《条例》第十三条　国务院备案审查工作机构对报送国务院备案的法规、规章,就下列事项进行审查:

(一)是否符合党中央、国务院的重大决策部署和国家重大改革方向;

(二)是否超越权限;

(三)下位法是否违反上位法的规定;

(四)地方性法规与部门规章之间或者不同规章之间对同一事项的规定不一致,是否应当改变或者撤销一方的或者双方的规定;

(五)规章的规定是否适当,规定的措施是否符合立法目的和实际情况;

(六)是否违背法定程序。

一个合理、完备、科学的审查内容体系是确保备案审查工作实效的关键。《条例》增加了"是否符合党中央、国务院的重大决策部署和国家重大改革方向"作为审查事项。备案审查工作具有很强的政治性,是在单一制国家结构形式条件下,保持政令统一和法治统一的重要制度举措。中国多层次的立法结构决定了必须通过备案审查来防止"政出多门",防止法规规章不能够完整、全面、准确地理解新发展理念,纠正地方和部门立法与上位法不一致而影响全国统一大市场建设、损害营商环境等问题。因此增加这项政治性审查的事项非常具有必要性和针对性，对于遏制通过法规规章的制发来追求部门利益、地方利益具有明显的效果。

《条例》明确将“规章的规定是否适当，规定的措施是否符合立法目的和实际情况”作为审查事项，也是一个重要的完善举措。“规章的规定是否适当”整体上看属于合理性判断的范畴，需要对规定本身在满足合法性条件下进行实质价值判断与利益权衡，这对于防止规章制发者随意选择相关手段、以较小法益牺牲较大法益都具有重要意义，尤其是“规定的措施是否符合立法目的和实际情况”的新增规定进一步完善了适当性的判断标准。规章规定的措施或手段不能合理地实现立法目的，既是对立法资源的浪费，也有可能侵犯其他重要法益，属于必须被纠正的重要情形。措施或手段背离实际情况，违背现实规律，严重超前或滞后于实际需要，这些都是立法目的不能实现或规章不能有效实施的重要原因，从比例原则的法理来衡量，都应该受到严格审查。

7. **科学化审查工作**

《条例》第十五条　国务院备案审查工作机构审查法规、规章时，可以通过座谈会、论证会、听证会、委托研究、实地调研等方式，听取国家机关、社会组织、企业事业单位、专家学者以及利益相关方的意见，并注重发挥备案审查专家委员会的作用。

《条例》第十五条为新增内容，规定可以通过座谈会、论证会、听证会、委托研究、实地调研等方式听取相关意见，并注重发挥备案审查专家委员会的作用，进一步提升备案审查的科学性和有效性。

8. **细化纠错规定**

《条例》第十六条　经审查，地方性法规同行政法规相抵触的，由国务院备案审查工作机构移送全国人民代表大会常务委员会工作机构研究处理;必要时由国务院提请全国人民代表大会常务委员会处理。

第十八条 经审查,认为规章应当予以纠正的,国务院备案审查工作机构可以通过与制定机关沟通、提出书面审查意见等方式,建议制定机关及时修改或者废止;或者由国务院备案审查工作机构提出处理意见报国务院决定,并通知制定机关。

《条例》增强了纠错方式的多元性,根据不同情况设置不同的纠错程序。《条例》在第十六条增加规定移送全国人民代表大会常务委员会工作机构研究处理的法规纠错方式。经审查,地方性法规同行政法规相抵触的,由国务院备案审查工作机构移送全国人民代表大会常务委员会工作机构研究处理。行政法规是国务院制定的,由国务院备案审查工作机构自身来处理与行政法规抵触的地方性法规,可能会导致其职权行使过于能动。由全国人民代表大会常务委员会工作机构研究处理,一方面是国务院备案审查工作机构"依照法定权限和程序"开展备案审查工作的体现,另一方面通过"研究处理",也使得处理结果避免"一刀切",更加灵活。

《条例》在第十八条规定与制定机关沟通、提出书面审查意见的规章纠错方式,这种方式充分尊重了制定机关的立法裁量权,更加突出了备案审查机关的"审查"与"监督"职能,而不是代替制定机关重新立法的职能。

9. **确立指导机制**

《条例》第二十四条 国务院备案审查工作机构应当加强对省、自治区、直辖市人民政府法制机构规章备案审查工作的联系和指导,通过培训、案例指导等方式,推动省、自治区、直辖市人民政府提高规章备案审查工作能力和质量。

《条例》第二十四条为新增内容,规定了国务院备案审查工作机构应当通过培训、案例指导等方式,加强对省、自治区、直辖市人民政府法制机构规章备案审查工作的联系和指导，明确了国务院备案审查工作机构的监督指导职责，这对于确保《条例》的各项规定通过层级行政落实、落地具有非常重要的积极意义。

三、热点问题聚焦

(一)《条例》修订的亮点

司法部法规规章备案审查相关专家委员、北京航空航天大学备案审查制度研究中心主任就《条例》的修改内容，指出《条例》的修订具有以下十大亮点：

一是将名称更新为“法规规章备案审查条例”。这既反映了备案和审查职责的不可分离，也是对《立法法》第五章的标题从“适用与备案”修改为“适用与备案审查”的回应。

二是将坚持党的领导和“有件必备、有备必审、有错必纠”作为政府备案审查的工作要求。中国共产党领导是中国特色社会主义最本质的特征，是确保一切工作取得胜利的关键。“三必”理论于2015年中共中央办公厅发布的有关文件中提出，目前《中国共产党党内法规和规范性文件备案审查规定》和《全国人民代表大会常务委员会关于完善和加强备案审查制度的决定》均将其纳入，因此，《条例》明确法规规章备案审查的工作要求有助于坚持正确的政治方向和工作目标。

三是将浦东新区法规和海南自由贸易港法规纳入备案审查范围。浦东新区法规和海南自贸港法规是我国近些年出现的新的立法形式。2023年修改的《立法法》已经明确规定，这两类法规要向国务院备案，因此，《条例》将其纳入备案审查范围正是“有件必备”精神的体现。

四是明确了代表国务院行使备案审查权的是国务院备案审查工作机构。2018 年，党和国家机构改革后，将原国务院法制办和原司法部的职责进行整合，重新组建司法部，为了反映这种职责变化，此次《条例》中明确了国务院备案审查工作机构依照本条例的规定负责国务院的法规规章备案工作，履行备案审查监督职责，健全备案审查工作制度。同时，《条例》明确了主动审查、专项审查、联合审查均作为法规规章备案审查的审查方式。

五是增加了国务院备案审查工作机构向国务院作备案审查年度工作报告的制度。备案审查的年度工作报告制度最早见于 2019 年全国人民代表大会常务委员会委员长会议通过的《法规、司法解释备案审查工作办法》，后来也被 2022 年修改的《中华人民共和国地方各级人民代表大会和地方各级人民政府组织法》定为地方人民代表大会常务委员会的工作内容。它反映了备案审查工作机构向备案审查机关负责的精神，同时也有利于备案审查机关对备案审查工作机构进行监督。

六是细化了法规规章备案审查的衔接联动机制。2023 年修改的《立法法》第一百一十五条规定，备案审查机关应当建立健全备案审查衔接联动机制，对应当由其他机关处理的审查要求或者审查建议，及时移送有关机关处理。备案审查衔接联动是适应我国备案审查工作的特点所建立的机制。由于我国备案审查存在不同备案审查系统以及同一系统内部同一个文件报送多个机关备案的情形，因此，建立不同系统和不同机关之间的备案审查衔接联动机制对于维护备案审查标准和结论的统一具有至关重要的意义。为此，《条例》响应《立法法》的要求，规定国务院备案审查衔接联动机制的主要内容为加强与其他机关备案审查工作机构的联系，同时在双重备案联动、移送处理、征求意见、会商协调、信息共享、能力提升等方面加强协作配合。

七是丰富了法规规章备案审查的内容。一方面,《条例》将“是否符合党中央、国务院的重大决策部署和国家重大改革方向”作为法规规章备案审查的重要内容,确保了法规规章备案审查工作的政治站位,有助于发挥法规规章备案审查保证党中央令行禁止的重要功能。另一方面,《条例》在规章的适当性审查中增加“规定的措施是否符合立法目的和实际情况”的内容,从而明确了规章适当性审查的标准,保证了法规规章的制定符合科学立法的要求。

八是在法规规章备案审查工作中践行全过程人民民主。备案审查工作既是中国特色社会主义民主的重要保证,也是中国特色社会主义民主的重要组成部分。因此,备案审查工作应当贯彻全过程人民民主理念,保障人民群众对国家立法和监督工作的知情权、参与权、表达权、监督权,使备案审查制度和工作成为践行全过程人民民主的重要形式和制度载体。为此,《条例》专门规定,国务院备案审查工作机构审查法规、规章时,可以通过座谈会、论证会、听证会、委托研究、实地调研等方式,听取国家机关、社会组织、企事业单位、专家学者以及利益相关方的意见,并注重发挥备案审查专家委员会的作用。

九是增强了备案审查的纠错方式和制度刚性。《条例》专门规定,经审查,规章应当予以纠正的,国务院备案审查工作机构可以通过与制定机关沟通、提出书面审查意见等方式,建议制定机关及时修改或者废止;或者由国务院备案审查工作机构提出处理意见报国务院决定,并通知制定机关。

十是强化了上下级备案审查工作机构之间的工作指导。政府备案审查工作的顺利开展需要上下级政府备案审查工作机构之间的步调一致,为此,《条例》明确了国务院备案审查工作机构通过培训、案例指导等方式对省级备案审查工作的联系和指导。

(二)《条例》在落实“有件必备”方面的规定

为进一步落实“有件必备”,提升报备规范化水平,《条例》作了以下规定:一是增加备案审查监督对象,将浦东新区法规、海南自由贸易港法规、法律规定的机构制定的规章纳入备案范围,明确其报备主体;二是精简报备材料数量,将报备材料由一式十份调整为一式三份并对报送电子文本提出要求,减轻制定机关工作负担;三是严格报备登记要求,针对一些报备不及时、不规范的问题,明确了15日的补充或者重新报送备案时限。

(三)《条例》在落实“有备必审”方面的规定

为进一步落实“有备必审”,提升审查科学化水平,《条例》作了以下规定:一是增加审查方式,明确国务院备案审查工作机构对报送备案的法规规章进行主动审查,并可以根据需要进行专项审查、与其他机关备案审查工作机构开展联合调研或者联合审查;二是完善审查事项,将是否符合党中央、国务院的重大决策部署和国家重大改革方向,以及规章规定的措施是否符合立法目的和实际情况增加为审查事项;三是着眼于增强审查科学性,明确国务院备案审查工作机构可以通过座谈会、论证会等多种方式听取意见,并注重发挥备案审查专家委员会的作用。

(四)《条例》在落实“有错必纠”方面的规定

为进一步落实“有错必纠”,提升纠错精准化水平,《条例》作了以下规定:一是优化移送审查程序,规定审查发现地方性法规同行政法规相抵触的,由国务院备案审查工作机构移送全国人民代表大会常务委员会工作机构研究处理,必要时由国务院提请全国人民代表大会常务委员会处理;二是完善规章纠错程序,明确国务院备案审查工作机构可以通过与制定机关沟通、提出书面审查意见等方式对规章进行纠错，或者提出处理意见报国务院决定。

（五）《条例》在推动健全备案审查工作制度机制方面的举措

《条例》系统总结多年来备案审查工作实践经验，推动构建系统完备的制度体系，补充规定了以下内容：一是压实国务院备案审查工作机构职责，明确国务院备案审查工作机构应当健全备案审查工作制度，每年向国务院报告工作情况；二是推动形成备案审查合力，规定国务院备案审查工作机构应当通过备案审查衔接联动机制加强与其他机关备案审查工作机构的联系和协作配合；三是加强对地方的联系指导，规定国务院备案审查工作机构应当通过培训、案例指导等方式，推动省、自治区、直辖市人民政府提高规章备案审查工作能力和质量。

第八章
江西省献血条例

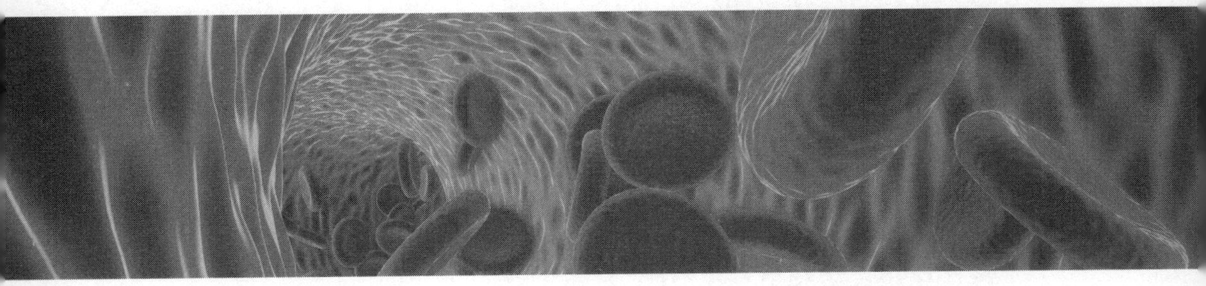

（法律条文）

（自测题）

《江西省献血条例》(本章内简称《条例》)于 2024 年 7 月 25 日江西省第十四届人民代表大会常务委员会第十次会议审议通过,自 2025 年 1 月 1 日起正式施行。《条例》以解决本省献血工作面临的突出问题为导向,以满足医疗临床用血需要和安全为主要目标,以献血者和用血者为中心,坚持自愿无偿基本原则,明确组织动员责任,通过褒扬奖励献血者、优化献血服务、规范采供用血管理,营造良好的献血环境,形成关心、支持、鼓励无偿献血的社会氛围。

本章从两个典型案例入手,分析并展示献血制度在保证医疗临床用血需要和安全,保障献血者和用血者的身体健康,推动和规范献血工作,弘扬社会主义核心价值观和人道主义精神等方面具有的重要价值和作用。

一、典型案例分析

(一)袁某某与文某某、某保险公司机动车交通事故责任纠纷中就治疗用血费用部分抗诉案

【基本案情】

2018 年 1 月 4 日,文某某驾驶小型普通客车发生交通事故,致袁某某等多人受伤。经公安交通管理部门认定,文某某对此次事故负全部责任。肇事车辆属文某某个人所有,其向某保险公司投保了交强险和第三者责任险。事故发生后,袁某某先后住院治疗 197 天,产生医药费 88 774.4 元,其中包括 5 180 元用血费用。因袁某某此前曾多次无偿献血,2018 年 3 月 14 日,G 省 G 市公民献血委员会办公室将该 5 180 元用血费用报销。

2018 年 10 月 16 日,袁某某以文某某、某保险公司为被告向 G 省 M 县人民法院(以下简称一审法院)提起诉讼,请求文某某赔偿各项损失共计 358 652.98 元,某保险公司在保险责任范围内对该损失予以赔偿。

一审法院认定袁某某因交通事故产生的各项损失共计 354 619.88 元,因袁某某治疗产生的 5 180 元用血费用已获得血液管理部门报销,故未将该笔费用计入袁某某的医疗费损失,此外对某保险公司垫付的 14 万元予以扣除。据此,一审法院判决某保险公司一次性赔偿袁某某 214 619.88 元,驳回袁某某其他诉讼请求。一审判决后,袁某某不服,向 Z 市中级人民法院(以下简称二审法院)提出上诉。

二审法院认为,对于袁某某因无偿献血行为而获得报销的 5 180元用血费用,不属于袁某某因事故直接造成的损失,故维持一审法院对该笔费用不予赔付的结果。

袁某某遂向G省高级人民法院申请再审,G省高级人民法院指令Z市中级人民法院再审本案。Z市中级人民法院再审,仍对袁某某请求某保险公司赔偿该笔用血费用的再审请求不予支持。再审法院重新核定袁某某的各项经济损失合计402 299.56元,据此,判决某保险公司一次性赔偿袁某某各项损失262 299.56元(已扣除14万元垫付款),驳回袁某某其他诉讼请求。

袁某某不服再审判决,向Z市人民检察院申请监督。2021年7月22日,G省人民检察院向该省高级人民法院提出抗诉。检察机关认为,无偿献血者用血费用减免权利应认定为国家鼓励倡导无偿献血行为而立法设定的奖励,其与侵权之债产生的原因不同,不属于同种性质的法律关系,不能混同,侵权人的侵权责任不应因被侵权人获得用血费用报销而减轻。

【案件结果】

2023年9月25日,G省高级人民法院采纳检察机关抗诉意见,作出再审判决:某保险公司一次性赔偿袁某某各项损失267 479.56元(包含袁某某5 180元用血费用)。

【案件评析】

《条例》第三十六条第一项　献血者享受下列用血优惠:

(一)献血者临床用血时,献血总量一千毫升及以上的,终身免费用血;献血总量不足一千毫升的,五年内免费使用相当于本人献血总量三倍的血液,超过五年的,免费使用相当于本人献血总量等量的血液。

《中华人民共和国献血法》第十四条　公民临床用血时,只交付用于血液的采集、储存、分离、检验等费用;具体收费标准由国务院卫生行政部门会同国务院价格主管部门制定。

无偿献血者临床需要用血时,免交前款规定的费用;无偿献血者的配偶和直系亲属临床需要用血时,可以按照省、自治区、直辖市人民政府的规定免交或者减交前款规定的费用。

本案中，袁某某因交通事故受伤支出的用血费用，属于侵权行为造成的实际损失，虽血液管理部门对该项费用予以报销，但不应抵销侵权行为之债。侵权人仍应对该部分用血费用予以赔付，不能让侵权人因献血者的善行而获益。无偿献血是受法律保护的一种社会共济行为。若认定无偿献血者的用血费用不能向侵权人主张，不仅减轻侵权人依法应当承担的赔偿责任，还将导致本应给予无偿献血者的奖励成为侵权人减责的借口。

（二）借用正规献血站搭建自己的网络“互助献血”平台案

【基本案情】

2023 年 4 月，S 市警方在办理一起发布违法信息案中发现，有人在微信群、QQ 群散布所谓“互助献血”的广告牟利。广告中所谓的“互助献血”，其实是给需要用血的病人和献血人提供一个平台，病人获得优先用血的机会，但需要支付一定的费用，献血人获得一定的酬劳，而平台则收取相应的手续费。

显然，这是以“互助献血”之名，行非法倒卖血液之实。根据广告中所留的联系方式，警方抓获了贾某乐、贾某、王某等 3 名犯罪嫌疑人。由于案件类型新、案情复杂，案件移送到检察院后，S 市 W 区人民检察院党组书记、检察长审阅了卷宗，并召集办案小组，围绕非法获利数额的认定、如何量刑等问题进行讨论。据贾某乐供述，2021 年 3 月至 2023 年 3 月，其通过微信、QQ 群等网络渠道招揽患者及家属收取费用，非法组织多名献血人以定向献血的方式，实施名为“捐献”实为“买卖”的行为。在这个过程中，贾某乐通过跟病人家属以及病人联系，由病人或者病人家属提出所需要的血量和类型，然后由贾某乐组织献血人到血站去献血，贾某乐再跟病人或者病人家属进行结算。贾某乐扣除每单相应的费用之后，把剩下的钱给献血者。为了实现定向给指定的病人献血,贾某乐会教给献血者一套话术,冒充病人的亲友或者家属,应对血站的审核。

经查,贾某乐非法组织卖血3 000多人次,非法获利人民币21万余元,在取保候审期间,仍非法组织卖血400多人次,非法获利人民币2.3万多元。贾某非法组织卖血500多人次,非法获利人民币2.9万多元。王某非法组织卖血129人次,非法获利人民币1.7万多元。2024年8月14日,S市W区人民检察院以被告人贾某乐、贾某、王某涉嫌非法组织卖血罪向法院提起公诉。9月18日,S市W区人民法院开庭审理此案。法庭辩论阶段,被告人的辩护人表示,被告人贾某乐组织的献血行为是因医院里有对应的需要输血的病人,被组织的献血者是经过体检合格后才准予献血的,且是在正规的血站进行献血,其行为未对输血者造成严重或不利的后果,希望对被告人适用缓刑。

检察机关审查认为,根据法律规定,非法组织他人卖血,出卖血液三人次以上或者非法获利2 000元以上的就应当追诉。非法组织卖血的行为破坏的是国家的血液管理制度,客观上并不要求造成人身的严重后果。被告人贾某乐以到正规血站互助献血的名义组织卖血,但贾某乐为顺利实施犯罪,会要求献血人隐瞒身体的健康状况、服用药物情况等。我国实行无偿献血制度,血液不是商品,血液不能买卖,一旦将血液作为商品,会造成血液质量无法得到安全保证的后果。短期内多次献血,对出卖血液人的身体也会造成损害。被告人贾某乐、贾某、王某非法组织卖血,不仅抬高了患者的医疗成本,还会使卖血者因追求利益而违规献血,产生一定的健康危机,且破坏了我国的血液管理制度,妨害了公共卫生安全,所以不适合适用缓刑。

【案件结果】

被告人贾某乐犯非法组织卖血罪，判处有期徒刑3年，并处罚金人民币8万元；贾某被判处有期徒刑1年4个月，并处罚金人民币1万元；王某被判处有期徒刑10个月，并处罚金人民币5 000元。

【案件评析】

《江西省献血条例》第三条第一款　本省依法实行无偿献血制度。鼓励、支持、褒奖自愿无偿献血行为，倡导全社会尊重、关爱献血者，树立献血光荣、互助互爱的良好社会风尚。

第四十二条　违反本条例规定的行为，法律法规已有处罚规定的，适用其规定；构成犯罪的，依法追究刑事责任。

《刑法》第三百三十三条　非法组织他人出卖血液的，处五年以下有期徒刑，并处罚金；以暴力、威胁方法强迫他人出卖血液的，处五年以上十年以下有期徒刑，并处罚金。

血液是生命源泉！它承载着希望与生机。而非法买卖血液，则是对生命的亵渎。非法买卖血液的利益链“上线”寻找病人、与其本人或家属谈好价钱，“下线”四处招募卖血者实施卖血行为，上下勾结形成一条非法买卖血液的利益链。

献血是拯救生命的崇高行为，为保证血液安全，保障献血者和用血者的身体健康，《献血者健康检查要求》对献血者的年龄、体重、血压、献血量、献血间隔都有明确规定，并对患有何种疾病不能献血进行了详细列举。对于献血，我国实行的是无偿献血制度，献血者不向采血单位和献血者单位索取任何报酬，有关法律也明令禁止非法组织他人出卖血液的行为。然而，受利益驱使，一些不法分子给这份爱心“明码标价”，以“低买高卖”的形式赚取不义之财。这一行为，不仅抬高了患者医疗成本，影响了血液质量，使卖血者为追求利益而违规献血，进而导致健康危机，还破坏了我国无偿献血制度,扰乱了国家采供血秩序。因此对于非法买卖血液的行为,必须依法予以严厉打击。

被告人非法组织他人出卖血液,其行为已构成非法组织卖血罪,依法应予惩处。本案的依法处理保障了公民生命健康权,维护了医疗用血安全体系及社会管理秩序,同时也捍卫了献血的公益属性。

在此提醒,非法组织买卖血液不仅是一种违法行为,也是一种犯罪行为。因此,广大群众对此要树立起正确的法治理念,坚决抵制非法买卖血液的行为,决不轻信陌生人的利益诱惑,决不参与血液买卖活动。同时,若发现此类违法行径,要及时向有关部门举报,让我们用行动捍卫生命尊严,维护法律尊严,着力营造安全有序的献血环境,让血液在合法、有爱的环境中流淌,守护每一个生命的希望!

二、重点知识解读

2024 年 12 月,江西省人民代表大会常务委员会办公厅举行《条例》新闻发布会,省卫生健康委等相关同志就《条例》的出台背景、制定过程和思路,以及主要内容等相关的立法情况作出说明。

(一)《条例》的出台背景

《江西省实施〈中华人民共和国献血法〉办法》自 2003 年施行以来,对于规范全省献血和血液管理工作,保证医疗临床用血安全发挥了重要作用。近年来,随着人均预期寿命的不断延长和医疗保障水平的进一步提高,临床用血需求日益增长,献血量不足与临床用血增长的矛盾突出,区域性、季节性缺血的情况时常发生,无偿献血事业面临新形势、新问题、新要求,迫切需要制定《条例》,从立法层面建立完善血液供应保障的各项制度设计,广泛动员全社会理解、支持并积极参与到无偿献血事业中来，共同保障血液供应安全。

(二)《条例》制定的主要过程和基本思路

江西省高度重视《条例》的立法工作，省人大多次就修法工作给予具体指导并对《条例》制定提出明确要求。2021 年初，省卫生健康委成立起草工作专班，精心制订调研计划和方案，形成《条例》立法调研报告，扎实完成了立法前期准备工作。在制定的过程中，省卫生健康委与省人大教科文卫委、省人大常委会法工委和省司法厅建立了工作联系机制，多次深入省内外开展调研，在广泛征求意见、反复研究论证的基础上，《条例》于 2024 年 7 月 25 日正式审议通过。

《条例》起草和出台过程中，始终遵循以下思路：一是坚持问题导向。针对调研发现的血液供应区域性、季节性不平衡等问题，通过强化献血组织动员、完善采供血工作机制、加强献血志愿服务等措施予以解决，缓解血液供需矛盾。二是综合系统施策。组织动员国家机关、社会团体、企业事业单位、村(居)民委员会和社会各方面力量参与献血和宣传，同时加强固定献血点建设，提高献血服务水平，多措并举扩大献血来源。三是强化激励引导。在保障国家"三免"优惠政策落地的基础上，完善江西献血者奖励、优待和用血费用减免等激励措施，提高社会公众无偿献血的主动性和积极性。

(三)《条例》的主要内容

《条例》共七章四十三条，主要内容包括：

1. 扩大献血来源，广泛宣传动员

为了提升献血总量，解决血液供需矛盾，《条例》作出以下规定:一是构建政府领导、社会协同、公众参与的献血工作格局。规定了政府的领导责任、卫生健康主管部门的监督管理职责以及有关部门、社会团体的责任;规定省级卫生健康主管部门应当制订年度献血计划,设区的市应当制订具体方案并组织实施,机关、社会团体、企业事业单位应当每年至少组织一次献血,村(居)民委员会应当组织和动员献血。二是适当延长献血年龄。根据《中华人民共和国献血法》(以下简称《献血法》),参照外省献血立法的相关规定,结合江西省的实际情况,规定健康个人主动要求献血的,献血年龄可以延长至六十五周岁。三是强化献血宣传教育。明确卫生健康部门、教育部门、学校、媒体及医疗卫生机构等开展献血宣传教育的责任。四是支持献血志愿服务。鼓励献血志愿服务组织开展活动,社会工作、卫生健康等部门和红十字会等群团组织可以为公益性组织开展献血活动提供支持。

2.完善采血机制,优化供血保障

当前血液短缺问题主要发生在医疗机构集中的城市,发生时间主要集中在夏季和冬季,针对区域性、季节性缺血和应对突发事件用血保障的问题,《条例》作出以下规定:一是建立全省血液管理信息系统。推进大数据发展和应用,实现卫生健康部门、血站、医疗机构、疾病控制等单位之间信息的互联互通,优化采血、供血、用血等管理流程。二是加大淡季献血力度。规定每年的一月为本省无偿献血宣传月,各级人民政府应当组织有关部门、群团组织、医疗卫生机构、学校、媒体等开展献血公益活动。三是完善采血工作保障。规定每个县(市、区)至少设置一个固定献血点;有关部门、单位、社区应当为流动献血车的停靠提供便利。四是完善血液调配和联动保障机制。制订全省临床用血调剂计划,建立血液调配绿色通道,保障血液安全快速运输到位。五是完善血液保障应急机制。规定政府将血液应急保障纳入应急体系建设范畴,加强应急献血队伍建设,在突发事件导致临床用血供应紧张时,县级以上人民政府依法启动应急预案并指定有关单位组织应急献血，确保突发事件紧急医学救援用血需求。

3.科学集约用血，强化奖励优待

为了实现采血和用血的平衡，保障献血者权益，《条例》作出以下规定：一是规定医疗机构应当加强临床用血管理，科学制订临床用血计划；推行节约用血和合理化用血，采用成分输血、自体输血等技术手段，提高血液利用效率。二是规定在本省获得国家无偿献血奉献奖、无偿捐献造血干细胞奖和无偿献血志愿服务终身荣誉奖的个人，享受国家规定的“三免”优待，并优先推荐其参评道德模范、身边好人、优秀志愿者等。三是增加献血者及其亲属所享受的用血优惠。将献血量不足一千毫升的献血者免费使用三倍血液的时间，从献血后四年提升至五年；将享受免费用血的亲属范围从直系亲属扩大到近亲属和姻亲。四是规定在保证急危重症患者临床用血的前提下，医疗机构应当优先保障献血者临床用血。

（四）《条例》重要条款解读

1.《条例》的立法目的

《条例》第一条　为了保证医疗临床用血需要和安全，保障献血者和用血者的身体健康，推动和规范献血工作，弘扬社会主义核心价值观和人道主义精神，根据《中华人民共和国献血法》等法律、行政法规，结合本省实际，制定本条例。

《条例》立法目的主要表现在以下四个方面：

（1）保证医疗临床用血需要和安全。血液具有重要的生理意义，医疗临床用血在临床治疗、战备中都起着重要作用。安全的血液是挽救垂危生命的最后一道防线，而无偿献血是安全血液的唯一来源。

（2）保障献血者和用血者的身体健康。输血是现代医疗的重要手段,是人类认识自己、征服伤病的伟大发现,它在临床医学领域中有着拯救生命、治疗疾病的重要作用。但是,血液是一种复杂的维持生命的物质,血液在采集、储存、使用过程中,必须确保质量,避免污染,防止经输血传播疾病。因此,保证血液质量是保证输血安全、保障用血者身体健康的前提。为了确保血液质量,保证献血者和用血者的身体健康,《条例》对输血工作的各个环节规定了严格的管理措施。

(3)推动和规范献血工作。从全省来看,无偿献血和血液管理工作取得了一定成绩,全省没有发生经输血传播疾病的事故,没有发生因血液供应不及时引发的社会问题。但是,在医疗卫生事业快速发展的形势下,血液工作也面临着新的挑战,主要表现在:无偿献血参与度逐年提高,但社会氛围还不够浓厚;采血能力逐步提高,但血液供需矛盾仍然突出。

(4)促进社会主义精神文明建设。无偿献血,不仅能保障医疗临床用血的需要,保证输血安全,达到治病救人的目的,还是一种“我为人人,人人为我”的社会共济行为,有助于弘扬中华民族团结、友爱、互助的传统美德,是建设社会主义精神文明的具体表现。要鼓励更多社会公众关心、参与无偿献血。

2.献血年龄的延长

《条例》第三条　本省依法实行无偿献血制度。鼓励、支持、褒奖自愿无偿献血行为,倡导全社会尊重、关爱献血者,树立献血光荣、互助互爱的良好社会风尚。

提倡十八周岁至五十五周岁的健康个人自愿献血;符合健康检查要求的个人主动要求献血的,献血年龄可以延长至六十五周岁。

鼓励适龄的健康个人多次、定期献血;鼓励符合条件的健康个人捐献造血干细胞;鼓励稀有血型的健康个人献血。鼓励国家工作人员、现役军人、医务人员、教职工和高等学校在校学生率先献血，为树立社会新风尚做表率。

《条例》将献血年龄延长至 65 周岁，是综合考虑人均预期寿命、健康水平、人口结构等因素而确定的。以人均预期寿命为例，20 世纪 90 年代中后期，《献血法》制定和颁布之时，我国人均预期寿命约为 68 岁，2023 年我国人均预期寿命为 78.6 岁，江西省为 78.4 岁。这些年来，人民健康水平也在不断提高，2023 年年底，我国 65 岁及以上人口占总人口的比例已达 15.4%。世界卫生组织推荐的献血年龄上限也为 65 周岁，可见，将献血年龄上限定在 65 周岁，是顺应人均预期寿命、健康水平和人口结构变化趋势的需要。且本条款是提倡性条款而非限制性条款，目的是让那些年龄已超过 60 岁、身体条件允许又有献血意愿的人，能有一个献爱心的机会。

献血无损健康，这是常识。血液占人体体重的 8%左右，一个体重 50 公斤的成年人，其身体内的血液总量约 4 000 毫升。其中，80%左右的血液参与循环，另外 20%左右的血液贮存在肝脏等器官之中并不参与循环。目前，我国献血标准为单次献血上限为 400 毫升，约占人体血液总量的 10%。献血后，循环血量很快能得到补充，数天内血液总量就能得到恢复，增进了骨髓造血功能，促进了新陈代谢。所以说，适量献血是有利于身体健康的。况且每次献血前都要进行健康征询和初步筛查，只有符合健康要求的人才能献血。

附：部分国家和地区对献血年龄的规定

美国	≥16 岁
加拿大	18—65 岁
英国	18—65 岁
德国	18—65 岁
瑞士	18—60 岁

澳大利亚	16—65岁
日本	18—69岁
新西兰	16—65岁
南斯拉夫	18—65岁
韩国	16—65岁
中国台湾	17—65岁
中国香港	≥16岁
中国澳门	17—69岁

3. 政府对献血工作的领导职责

《条例》第四条　县级以上人民政府应当加强对献血工作的领导,统一规划、组织、协调有关单位共同做好献血工作;完善采供血服务体系,根据采供血服务规模合理配备人员、设施和设备,保障必要的献血工作经费。

乡(镇)人民政府、街道办事处应当做好本辖区献血相关组织、协调工作。

政府履行对献血工作的领导职责是确保无偿献血事业健康发展的关键,政府需通过政策制定、资源调配、部门协调等多维度履行法定职责。无偿献血关系到全体公民,涉及面广,它是一项政策性很强的群众性工作,做好无偿献血工作不仅是各级卫生健康行政部门的职责,更需要在各级政府统一规划、组织、协调下,统筹各级红十字会、发展改革委、财政、宣传等多部门力量,加强教育、宣传、组织、动员、保障、激励等各项工作力度。

4. 卫生健康主管部门对献血工作的职责及建立部门联席会议机制

《条例》第五条　县级以上人民政府卫生健康主管部门是本行政区域内献血工作的主管部门,依法对献血工作行使监督管理职责;并会同有关部门建立部门联席会议机制,研究解决献血工作中的重大问题。

血站是不以营利为目的的公益性卫生机构，负责献血者招募、血液采集与制备、临床用血供应及业务指导等工作，接受卫生健康主管部门的监督管理。

献血工作是医疗卫生事业的一项重要组成部分。因此，对献血工作进行监督管理是各级卫生健康主管部门的职责。有关单位要充分认识做好无偿献血工作的重要性、特殊性和紧迫性，树立底线思维，坚决防范血液工作中存在的重大风险和重大隐患。江西省由县级以上人民政府卫生健康主管部门会同有关部门建立部门联席会议机制，以加强对无偿献血工作的组织领导，建立多部门参加的工作协调机制，强化社会动员，形成工作合力，研究解决献血工作中的重大问题。同时，血站是专业性、责任性很强的机构，《条例》明确血站是不以营利为目的的公益性卫生机构，这就表明：各级政府建设血站的事业经费和人员经费要纳入政府的财政预算统筹安排，以保证血站正常、健康运转。血站必须以全部精力为人民群众用血健康服务，在各级政府的支持和管理下依法做好采集、提供临床用血的工作。

5. 相关部门在献血工作中的工作职责

《条例》第六条　县级以上人民政府发展改革、教育、科技、公安、民政、财政、人力资源和社会保障、自然资源、住房和城乡建设、交通运输、文化和旅游、新闻出版、广播电视等部门按照各自职责，做好献血相关工作。

红十字会依法参与、推动献血工作，协助政府及其有关部门开展献血宣传、教育、组织、表彰等工作；组织动员红十字志愿服务组织和志愿者参加献血活动。

工会、共青团、妇联等群团组织根据章程，引导、组织有关群体积极参与献血工作。

省发展改革委负责对符合医疗卫生服务体系规划的采供血机构基本建设按照《江西省政府投资管理办法》等文件要求予以支持;配合做好血液项目的价格调整。

省教育厅负责督促指导学校将血液和献血知识纳入学生健康教育内容,检查学校宣传教育工作开展情况;指导普通高校开展无偿献血宣传、动员和组织实施工作,将大学生献血或者参与献血社会实践活动纳入学生综合测评加分,支持在校大学生加入无偿献血志愿服务队伍。

省科技厅负责加强输血医学、血液系统疾病等江西省重点实验室建设,支持开展输血医学、血液系统疾病防治等科技创新工作,加强科技成果转化。

省公安厅指导各地依法查处非法采供血领域中违反治安管理的行为和犯罪行为;协助做好急救送血车、采血车执行紧急任务的安全保障。

省民政厅配合协调动员全省社会组织参与无偿献血;为有关公益性组织开展献血活动提供支持。

省财政厅依法落实无偿献血工作各项经费,负责检查、监督经费的使用和运行情况。

省人力资源社会保障厅按照国家和本省的有关规定,做好血站的人力资源保障,结合实际,在人才政策方面给予无偿献血适当支持;指导各地人力资源社会保障部门支持无偿献血“三免政策”落实。

省自然资源厅指导各地将固定献血点的设置纳入当地土地空间规划,为流动和固定献血点的场地设置提供支持和帮助,按照职责做好献血相关工作。

省住房城乡建设厅为流动献血点的场地设置予以支持;依法协助、支持献血公益广告设置;指导各地落实符合条件的“三免”优待对象免费游览政府投资主办的城市公园政策。

省交通运输厅负责为血液调配、血液保障等采供血车辆提供高速公路便捷通行保障；督促指导各地依法落实符合条件的“三免”优待对象免费乘坐城市公共交通工具政策。

省文化和旅游厅指导公共文化服务机构配合做好献血法律法规、科普知识等方面的宣传工作，并组织多种文艺形式的无偿献血公益性宣传活动；指导各地落实符合条件的“三免”优待对象免费参观文化和旅游部门归口管理的博物馆、美术馆、纪念馆等公共文化设施政策。

省广电局负责将无偿献血列入公益性宣传计划，并组织广播电视台开展各种形式的无偿献血公益性宣传活动。

省红十字会依法参与、推动无偿献血工作；协助政府及其有关部门开展献血宣传、教育、组织、表彰等工作；组织动员红十字志愿服务组织和志愿者参加献血活动；负责及时更新江西省获得国家无偿捐献造血干细胞奖的人员名单。

省总工会负责动员、组织全省工会组织和广大职工依法参与献血活动的宣传、教育，动员广大工会会员参加无偿献血。

团省委负责动员全省共青团组织广大团员青年依法参加无偿献血的宣传教育工作，积极组建无偿献血志愿者服务队，组织青年开展无偿献血相关活动。

省妇联负责组织动员全省妇联组织开展无偿献血宣传和教育工作，配合有关部门组织适龄健康妇女依法参加无偿献血。

6. 献血宣传工作及本省无偿献血宣传月的规定

《条例》第十条　各级人民政府应当组织有关部门、群团组织、医疗卫生机构、学校、媒体等开展献血公益宣传活动，提高公众对献血的认知度和参加献血的自觉性、主动性，营造关心、支持献血的良好社会风尚。

每年的一月为本省无偿献血宣传月。

各级人民政府在领导、规划、组织、协调献血工作的同时，应当加强对献血宣传教育工作的领导。各级人民政府要组织有关部门、群团组织、医疗卫生机构、学校、媒体等开展相关公益宣传活动，运用电视、广播、报刊、宣传画等多种形式宣传、普及献血常识。

江西省把每年的1月作为无偿献血宣传月，主要考虑到：1月天气较为寒冷，叠加寒假和春节，是无偿献血淡季，此时临床用血较为紧张；每年的6月14日是世界献血者日，整个社会面有一轮宣传浪潮，把1月作为宣传月，正好间隔半年。

7. 制订及落实年度献血计划的规定

《条例》第十三条　省人民政府卫生健康主管部门应当根据全省医疗用血需求和适龄人数等情况，制定年度献血计划，并定期通报各设区的市完成情况。

设区的市人民政府卫生健康主管部门应当按照省年度献血计划，拟定组织、动员献血的年度献血方案，报同级人民政府批准后执行。

血液是生命之源，它在抢救生命的活动中，发挥着药物不可替代的作用。尽管当今科学技术相对比较发达，但是血液依旧无法人工制造，无偿献血是临床用血的唯一来源。随着江西省医疗保障水平和医疗技术的提高，临床用血需求不断增长，献血量不足与临床用血增长的矛盾突出，区域性、季节性缺血的情况时常发生。同时，血液又是一种保存期限仅35天(其中，血小板仅5天)的特殊医疗资源，需要动态维持库存。因此，省人民政府卫生健康主管部门根据全省医疗用血需求和适龄人数等情况，制定年度献血计划，设区的市人民政府卫生健康主管部门按照省年度献血计划，拟定组织、动员献血的年度献血方案并执行至关重要，这有利于发挥社会主义制度优势，既体现了政府主导、多部门协作、社会共同参与的无偿献血工作发展长效机制，也对科学合理管理血源、按照计划有针对性地做好献血宣传和组织动员工作具有十分重要的指导意义，能够有效促进江西省无偿献血工作的健康、稳定、可持续发展。

8. 组织动员主体职责

《条例》第十四条　机关、社会团体、企业事业单位应当每年至少组织一次献血活动。村(居)民委员会应当组织动员本居住区符合献血条件的个人参加献血。

《条例》规定了社会各界动员、组织适龄健康个人参加献血的责任，明确在各级政府的统一领导、组织协调下，机关、社会团体、企业事业单位、居民委员会、村民委员会都有动员和组织本单位或者本居住区的适龄健康个人参加献血的责任。

9. 教育主管部门、各级各类学校献血宣传和组织动员工作职责

《条例》第十五条　县级以上人民政府教育主管部门应当指导学校将血液和献血的科学知识列为学生健康教育内容。

各级各类学校应当开展献血宣传和教育，并组织动员学校教师和工作人员参加献血活动。高等学校应当采取多种方式鼓励学生献血，每年定期组织动员学生参加团体献血活动，支持学生参与献血志愿服务。

教育主管部门应当将血液和献血的科学知识作为学生健康教育重要内容，将血站作为向学生普及医学和健康科学知识的重要阵地，促进血液知识进教材、进学校、进课堂，让更多社会公众了解、支持和参与无偿献血。各级各类学校应当按照教育部门的有关规定，将宣传献血意义、普及献血科学知识纳入相关教育教学活动，将培养学生献血公益意识作为素质教育的重要内容。高等学校的在校学生，普遍具有较高的思想觉悟和文化素质，身体条件较好，是我国精神文明建设的重要力量，也是无偿献血的主力军。

10. 血站采集血液应遵循的行为规范及违反时的投诉渠道的规定

《条例》第二十四条　血站应当征得献血者自愿同意后，方可对其采血，并提供安全、卫生、便利的献血环境。血站采集血液时应当遵守下列规定：

（一）告知献血者自愿献血的原则、献血的种类、数量、献血流程、注意事项以及献血者享有的权利。

（二）对献血者每人次采全血或者单采血小板等血液成分的采集量和间隔期，应当遵守国家规定。

（三）按照国务院卫生健康主管部门制定的献血者健康检查标准为献血者免费进行必要的健康检查；对身体状况不符合献血条件的献血者，向其说明情况，不得采血。

（四）采血应当由具有采血资格的医务人员进行，并严格执行有关操作规程和制度，一次性采血器材用后必须销毁。

（五）在采血后向献血者发放无偿献血证；根据实际情况给予献血者误餐、交通等适当补贴，向献血者发放献血纪念品。

（六）在献血后经检测血液不合格的，血站应当自采集血液之日起十个工作日内将检测结果告知献血者。

（七）对献血者个人信息予以保护。

（八）国家和本省的其他有关规定。

对违反前款规定的行为，可以向县级以上人民政府卫生健康主管部门投诉举报。

采血是采血器材与人体发生直接接触的活动，对这一活动各个环节进行严格规范和管理，是保障献血者的身体健康、保证血液质量以及用血者安全的重要前提。血站采集血液必须严格遵守有关操作规程和制度。这样的规定，一方面是保证献血者的健康安全，对献血者负责；另一方面，也是为日后出现纠纷时提供可参照的依据。

血站作为专业机构，采集血液应当遵循自愿和知情同意的原则，并对献血者履行规定的告知义务。采血必须由具有采血资格的医务人员进行，一次性采血器材用后必须销毁，确保献血者的身体健康。血站应当按照国家有关规定对献血者进行健康检查和血液采集。血站应当建立献血者信息保密制度，为献血者保密。对所有无偿献血者，由血站发放经国务院卫生行政部门制作的无偿献血证书。无偿献血证书既是献血者的荣誉证书，又是享受法定优惠的主要凭证。血站的这些义务旨在保障献血者的权益，确保血液的安全和质量，以及维护献血者的尊严和隐私。同时，《条例》明确了血站违反采集血液的相关规定的投诉渠道：可以向县级以上人民政府卫生健康主管部门投诉举报。

《献血法》第十九条规定，血站违反有关操作规程和制度采集血液，由县级以上地方人民政府卫生行政部门责令改正；给献血者健康造成损害的，应当依法赔偿，对直接负责的主管人员和其他直接责任人员，依法给予行政处分；构成犯罪的，依法追究刑事责任。

11. 医疗机构临床用血管理

《条例》第二十八条　医疗机构应当加强临床用血管理，按照国家及本省有关规定设立临床用血管理机构或者专职管理人员，科学制定临床用血计划。

为保障临床用血的需要，提倡并指导择期手术的患者自身储血。医疗机构应当主动向患者亲友宣传并鼓励其自愿参加献血。

血液是无价的，是献血者爱心的无偿奉献。血源总体来说是紧张的、短缺的，因此，必须开源与节流相结合，才能保证临床用血安全。同时，临床用血是一门科学，是否合理也体现了医疗机构的科学水平和科学态度。因此，医疗机构应当加强临床用血管理，严格掌握输血指征，根据自己的规模、床位以及每天的平均用血量科学制订用血计划。

现代自体输血技术已经非常成熟,使用患者自身的血液进行输血,可以有效避免经血液传播的疾病。此外,由于是患者自身血液,因此不需进行血型检测和交叉配合试验,从而减少了同种异体输血可能导致的抗体抗原免疫反应引起的溶血、发热、过敏反应等。自体输血可以减少对异体血液的需求,一定程度上缓解血液供需矛盾。特别是在稀有血型患者或交叉配血困难的患者中,自体输血显得尤为重要。自体输血有适应证与禁忌证,需要在专业医师的指导下进行,并严格遵守相关的操作规程和安全标准。

医疗机构的临床用血需求是持续存在的。我国实行无偿献血制度,血液来源依靠健康个人的自愿无偿捐献。向患者亲友宣传并鼓励其献血,可以在一定程度上增加献血人数,从而保障临床用血的充足供应,满足患者的用血需求。患者亲友是一个相对特殊且容易被动员的群体,他们通过患者与医疗机构产生联系,医疗机构对他们进行献血宣传时,他们能更直观地了解到血液对患者治疗的重要性。这不仅可以提高他们自身对献血的认识,也能通过他们将献血的积极意义传播给更多人,有利于在社会上形成积极的献血氛围,提高公众对献血的接受度和参与度。

12. 全省临床用血调剂

《条例》第三十一条　省人民政府卫生健康主管部门应当根据各区域采血量和临床用血需求等情况,制定全省临床用血调剂计划。设区的市人民政府卫生健康主管部门和血站应当按照要求执行调剂计划。

省人民政府卫生健康主管部门应当会同公安、交通运输、民航等部门设置血液应急调配绿色通道,保障血液安全快速运输到位。

省人民政府卫生健康主管部门应当按照国家有关规定跨省调配应急所需血液或者特殊血型血液。

不同地区的献血情况存在差异。有些地区人口密集且献血意识较强，血液储备相对充足；有些地区可能由于人口结构、宣传力度等因素，血液采集量有限。全省临床用血调剂可以将血液从供应充足的地区调配到紧缺地区，确保全省范围内临床用血的基本平衡，避免部分地区因血液短缺而影响救治患者。全省临床用血调剂能够实时掌握各地的血液库存情况。如果某个地区的某种血型血液即将过期而本地暂无需求，可以及时调剂到有需求的其他地区，避免血液因过期而浪费，从而提高血液资源的整体利用率。不同地区的医疗机构对血液的需求类型和数量也有所不同。例如，大型综合性医院可能对多种血液制品的需求量较大且需求种类繁多，而一些基层医疗机构可能只需要少量的常见血型血液。全省临床用血调剂可以根据各地区医疗机构的实际需求，对血液资源进行优化配置，使有限的血液资源发挥最大的医疗价值。无论患者身处省内哪个地区，都应该有平等获得临床用血的权利。全省临床用血调剂打破了地区限制，使得血液资源能够在全省范围内合理流动，保障了偏远地区或血液供应紧张地区患者的用血权益，让患者都能得到及时有效的治疗，体现了医疗服务的公平性原则。

13. **献血者免费享有公共服务优待**

《条例》第三十五条　在本省获得国家无偿献血奉献奖、无偿捐献造血干细胞奖和无偿献血志愿服务终身荣誉奖的个人，享受下列优待：

（一）免费游览政府投资主办的公园、风景名胜区；免费参观政府投资建立的博物馆、美术馆、科技馆、纪念馆等公共文化设施。

（二）免费乘坐城市公共交通工具。

（三）免交公立医疗机构普通门诊诊察费。

（四）享受医疗机构设立的绿色通道和提供的优先服务。

各级人民政府以及有关部门应当保障前款规定的优待措施

到位。

各级人民政府以及有关部门在推荐、评选道德模范、身边好人、优秀志愿者等活动中,对获得国家无偿献血奉献奖、无偿捐献造血干细胞奖和无偿献血志愿服务终身荣誉奖的个人,应当予以优先考虑。

为健全江西省无偿献血激励机制,加强对献血者的人文关怀,经省政府同意,由省卫生健康委、省政务服务办、省住房城乡建设厅、省交通运输厅、省文化和旅游厅、省林业局、省医保局、省科协、省红十字会联合下发《关于实施无偿献血“三免”措施的通知》,自2025年1月1日起,符合条件的“三免”优待对象,凭“江西省无偿献血荣誉证”“江西省造血干细胞捐献荣誉证”可以享受“三免”措施。

省卫生健康委负责指导各地及时更新江西省获得国家无偿献血奉献奖、国家无偿献血志愿服务终身荣誉奖的人员名单。省红十字会负责及时更新江西省获得国家无偿捐献造血干细胞奖人员名单。省政务服务办负责做好“江西省无偿献血荣誉证”“江西省造血干细胞捐献荣誉证”电子证照的签发技术支持,以及在“赣服通”平台展示。省医保局负责指导各地按规定使用医保统筹基金支付优待对象在公立医疗机构发生的普通门诊诊察费。省交通运输厅负责指导各地落实免费乘坐城市公共交通工具的措施。省文化和旅游厅负责指导各地落实免费参观文化和旅游部门归口管理的博物馆、美术馆、纪念馆等公共文化设施的措施。省科协负责指导各地落实免费参观政府投资建立的科技馆的措施。省住房城乡建设厅、省林业局分别指导各地落实免费游览政府投资主办的城市公园、风景名胜区的措施。其他政府投资主办的公园和政府投资建立的博物馆、美术馆、纪念馆等公共文化设施按照“谁主管、谁负责”的原则,由相应部门指导各地抓好贯彻落实。

各地各有关部门要将无偿献血“三免”优待作为加强社会主义精神文明建设、推动无偿献血事业高质量发展的重要举措，着力保障优待措施落实到位，确保符合条件的优待对象便利、快捷享受优待。要通过无偿献血“三免”措施落地见效，回馈无偿献血者，引导和发动群众踊跃参与无偿献血，不断凝聚传递社会正能量。要加强工作调度和跟踪问效，及时发现和解决“三免”措施落实中的问题和不足，持续改进优化服务工作，不断增强政策实效。

14. **献血者免费享有用血优惠**

《条例》第三十六条　献血者享受下列用血优惠：

（一）献血者临床用血时，献血总量一千毫升及以上的，终身免费用血；献血总量不足一千毫升的，五年内免费使用相当于本人献血总量三倍的血液，超过五年的，免费使用相当于本人献血总量等量的血液。

（二）献血者的配偶、父母、子女、兄弟姐妹、祖父母、曾祖父母、孙子女、外祖父母、外曾祖父母、外孙子女、配偶父母、子女配偶临床用血时，可以合计免费使用其献血总量等量的血液。

成功捐献造血干细胞者终身免费用血；其配偶、父母、子女、兄弟姐妹、祖父母、曾祖父母、孙子女、外祖父母、外曾祖父母、外孙子女、配偶父母、子女配偶临床用血时，可以合计免费使用一千毫升血液。具体办法由省红十字会商省人民政府卫生健康主管部门另行制定。

血液本身是免费的，公民临床用血时只需交付用于血液的采集、储存、分离、检验等费用；其收费标准由国务院卫生行政部门会同国务院价格主管部门制定。献血者临床需要用血时，免交前款规定的费用；献血者的配偶、父母、子女、兄弟姐妹、祖父母、曾祖父母、孙子女、外祖父母、外曾祖父母、外孙子女、配偶父母、子女配偶临床用血时，可以按照本省规定合计免费使用其献血总量等量的血液。

本省已开通医院直免绿色通道。献血者本人在省内就诊医疗,机构报销临床用血费用仅需提供献血证(电子献血证)及献血者有效的身份证件(身份证、护照、驾驶证、户口簿、医保卡或军官证等);亲属用血除上述材料外还需提供与献血者的关系证明或《江西省无偿献血临床用血减免承诺书》。

献血者及其亲属在血站报销临床用血费用时,除上述材料外还需提供就诊医疗机构结算发票及用血清单。

本省已运行临床用血费用跨省异地线上减免程序,在本省献血、跨省用血的献血者可通过微信小程序"全国电子无偿献血证"中的"异地减免办理",根据页面提示提交相关材料,经工作人员后台确认,即可享受"血费减免一次都不跑"的便利。

15. **献血者优先用血权利**

《条例》第三十七条　献血者、成功捐献造血干细胞者享有优先用血权利。在保证急危重症患者临床用血的前提下,医疗机构应当优先保障其临床用血。

爱心永不过期,献血者可享优先用血权利。无偿献血者优先用血是对献血者的尊重和认可,各级临床医疗机构在保证应急用血的前提下,应保障无偿献血者优先用血的权益。在本省参加献血的无偿献血者及其受益人,需要临床输血救治时,在保障急危重症和孕产妇等重点人群用血前提下、非急诊患者同等医疗状况下,一律给予优先安排。

三、热点问题聚焦

在省人民代表大会常务委员会办公厅举行的《条例》新闻发布会上,省卫生健康委、省人大教科文卫委、省人大常委会法工委、省司法厅的相关同志,就社会关注的热点问题作出了介绍。

(一)《条例》的特色亮点

1. 突出政治性

血液是关系人民群众生命安全和身体健康的重大民生问题。《条例》坚持“人民至上、生命至上”，全面贯彻落实习近平总书记关于为人民群众提供全方位全周期健康服务的重要要求和党的二十大推进健康中国建设的战略部署，将弘扬社会主义核心价值观和人道主义精神写入立法目的，明确“血站是不以营利为目的的公益性卫生机构”，为大力发展无偿献血事业，更好地服务人民群众生命安全和身体健康提供了重要法治保障。

2. 注重协同性

《条例》明确规定，县级以上人民政府对献血工作负有“统一规划、组织、协调”的职责，要求健全部门联席会议机制，明确各相关部门单位的职责。《条例》的出台，有利于推动构建政府领导、社会协同、单位动员组织、个人积极参与的工作格局，促使全社会共同关注、积极参与无偿献血。

3. 体现创新性

《条例》针对江西省献血现状，吸收兄弟省份先进经验，本着适度超前原则，在原来的实施办法的基础上，提出了延长献血年龄、设立“无偿献血宣传月”、加强固定及流动献血点建设、建立血液供应风险应对及应急用血保障机制、实行献血者“三免三优先”优惠政策、扩大血费减免和优先用血人群享受范围等方面的创新，确保献血工作全面规范，有利于更好地保障医疗临床用血需求和安全。

(二)《条例》为无偿献血工作提供的法律支撑

《条例》围绕开源、节流、保安全的工作思路，着力提升科学治理能力、血液供应能力、安全管理能力、合理用血能力、应急保障能力等五方面能力，主要从以下三个方面着手：

1. 构建献血工作格局

《条例》规定，省级卫生健康主管部门要根据全省医疗用血需求和适龄人数等情况，制定年度献血计划，并定期通报各设区市完成情况。设区市卫生健康主管部门应当按照省年度献血计划，拟定组织、动员献血的年度献血方案，报同级人民政府批准后执行。机关、社会团体、企业事业单位每年至少组织一次献血，村(居)民委员会应当组织动员本居住区符合献血条件的个人参加献血，高等学校应当采取多种方式鼓励学生献血。

2. 优化采供血管理服务

《条例》规定，血站要提升献血服务水平，依法公开采供血相关信息，建立稀有血型和常规血型献血者信息数据库，对献血人数较多的单位提供上门采血服务；对采集的血液，血站应当按照国家规定进行制备、检测、储存、运输。医疗机构要提高科学用血水平，推动医学科学技术创新，推行节约用血和合理化用血，采用成分输血、自体输血等技术手段，提高血液利用效率，减少不必要的输血，降低医疗成本，减轻患者和社会的经济负担。卫生健康主管部门要建立医疗机构临床用血评价制度，定期对医疗机构临床用血情况进行评价，将医疗机构临床用血情况作为对医疗机构考核、评审、评价的重要指标，推动医疗机构严格遵守输血技术规范和制度，合理利用血液资源，避免浪费和滥用。

3. 强化血液应急保障

《条例》规定，建立全省血液调配机制，省级卫生健康主管部门要根据各区域采血量和临床用血需求等情况，制定全省临床用血调剂计划，并设置血液应急调配绿色通道，保障血液安全快速运输到位。县级以上人民政府要将血液应急保障纳入应急体系建设内容，制定血液应急保障预案并建立预警机制，在发生自然灾害、事故灾难、公共卫生事件和社会安全事件等突发事件导致临床用血供应紧张时，由县级以上人民政府依法启动应急预案，组织、动员、引导全社会有序献血。加强应急献血队伍建设，机关、社会团体、企业事业单位要根据实际情况建立应急献血志愿者队伍，并将应急献血志愿者名单提供给血站，血站负责将符合条件的应急献血志愿者登记造册。

（三）《条例》对江西省献血者的关爱和激励措施

无偿献血是个人道德情操的体现，更是城市文明程度的标志，加大对献血者的关爱、激励和褒奖，有助于增强献血者的荣誉感，激发公众的献血积极性。

1. 保障献血者享有优先用血及免费用血权利

在保证急危重症患者临床用血的前提下，医疗机构应当优先保障献血者临床用血；献血者临床用血时，献血总量一千毫升及以上的，终身免费用血；献血总量不足一千毫升的，五年内免费使用相当于本人献血总量三倍的血液，超过五年的，免费使用相当于本人献血总量等量的血液。成功捐献造血干细胞者终身免费用血。

2. 扩大亲属免费用血范围

将享受免费用血的人群扩大至“献血者的配偶、父母、子女、兄弟姐妹、祖父母、曾祖父母、孙子女、外祖父母、外曾祖父母、外孙子女、配偶父母、子女配偶”，免费使用总量以献血者所献血液总量为限。成功捐献造血干细胞者近亲属和姻亲临床用血时，可以合计免费使用一千毫升血液。

3. 强化献血者表彰激励

县级以上人民政府可以根据实际情况制定关爱献血者的具体措施，对参加献血的个人以及在献血工作中作出显著成绩的个人和单位，按照有关规定给予表彰奖励。同时，新增“三免三优先”优待政策。对在本省获得国家无偿献血奉献奖、无偿捐献造血干细胞奖和无偿献血志愿服务终身荣誉奖的个人，享受“三免三优先”优待。“三免”即免费游览政府投资主办的公园、风景名胜区，免费参观政府投资建立的博物馆、美术馆、科技馆、纪念馆等公共文化设施;免费乘坐城市公共交通工具;免交公立医疗机构普通门诊诊察费。“三优先”即享受医疗机构设立的绿色通道和提供的优先服务;优先推荐其参评道德模范、身边好人、优秀志愿者等;优先保障临床用血。单位应当为献血者参加献血提供便利条件,并可以给予适当补贴、奖励。鼓励社会各界为献血者提供优待。

(四)《条例》对政府部门、有关单位的要求

无偿献血是一项社会性很强的工作,必须建立政府领导、部门协作、社会共同参与的无偿献血工作发展长效机制,强化宣传组织、社会动员、经费投入、人员配置、采血网点布局等多方面支持保障。为此,《条例》在政府领导、部门协作、社会共同参与等方面作了一系列具体的规定:

1. 健全献血工作体制

《条例》要求建立政府领导、主管部门监督管理、相关部门分工负责、各方共同参与的献血工作体制。规定县级以上人民政府加强对献血工作的领导,统一规划、组织、协调献血工作,在经费、人员、设施和设备等方面给予必要保障;明确卫生健康部门主管本行政区域内的献血工作,依法行使监督管理职责,并会同有关部门建立健全部门联席会议机制,研究解决献血工作中的重大问题;要求相关部门分工协作,发动改革、教育、科技、公安、民政、财政、人力资源社会保障、自然资源、住房城乡建设、交通、文化和旅游、新闻出版、广播电视等相关部门按照各自职责,做好献血相关工作;明确红十字会依法参与、推动献血工作,工会、共青团、妇联等群团组织引导、组织有关群体积极参与献血工作。

2. 加强献血宣传教育

无偿献血需要全社会的广泛动员和参与,只有让公民更多地了解无偿献血,才能理解、支持并积极参与到无偿献血中来。《条

例》将献血工作开展情况纳入精神文明建设、卫生城镇创建等的内容，并进一步明确有关部门和单位的宣传教育职责。卫生健康主管部门应当加强献血法律法规和政策等方面的宣传教育，指导、协调有关部门和单位开展献血宣传；医疗卫生机构、医学行业组织应当发挥专业优势，普及献血和临床用血科学知识；报刊、广播电视、网络等媒体应当每年有计划地开展献血公益宣传，在无偿献血宣传月、世界献血者日等重要时间节点集中开展献血公益宣传，并按照规定免费发布献血公益广告；交通枢纽站点、广场、公园等公共场所，城市公共交通工具的运营单位，应当通过各种形式免费开展献血公益宣传。

3. **强化献血网点保障**

加强固定献血点规划，设区的市、县（市、区）人民政府应当遵循城乡统筹、人口集中、方便献血的原则，按照国家有关标准和规定，科学设置固定献血点。固定献血点应当布局在商业综合体、公园、广场、车站等交通便捷、人流量大的区域。加强对流动献血车的支持，流动献血车停靠点确定后，有关部门、单位、社区应当为流动献血车的停靠提供便利，任何单位和个人不得擅自阻止流动献血车停靠，干扰或者妨碍流动献血车的正常工作。流动献血车在实施采血活动时，临时停放需要收费的小区和道路停车泊位的，免交停车费。强化网点设施保障，对献血点未作出妥善安排前，不得拆除、迁移，对擅自拆除和迁移固定献血点，干扰或者妨碍固定献血点正常工作，擅自阻止流动献血车停靠，干扰或者妨碍流动献血车正常工作的，视情况由县级以上人民政府卫生健康主管部门责令改正；构成违反治安管理行为的，由公安机关依法予以处罚。

第九章

江西省湿地保护条例

（法律条文）

（自测题）

江西省历来重视湿地保护工作，2003年11月27日《江西省鄱阳湖湿地保护条例》由江西省第十届人民代表大会常务委员会第六次会议通过，自2004年3月20日起施行。随着经济社会的发展，湿地的重要性日益凸显，2010年《江西省湿地保护条例》(本章内简称《条例》)被列入立法计划，2012年3月29日由江西省第十一届人民代表大会常务委员会第三十次会议通过，自2012年5月1日起施行，《江西省鄱阳湖湿地保护条例》同时废止。为加强城区湿地保护，2014年10月15日江西省第十二届人民代表大会常务委员会第十四次会议通过了《江西省人民代表大会常务委员会关于加强城市规划区湿地保护的决议》(本章内简称《决议》)。2019年9月28日江西省第十三届人民代表大会常务委员会第十五次会议对《条例》进行了修正。2021年12月，全国人民代表大会常务委员会颁布《中华人民共和国湿地保护法》(以下简称《湿地保护法》)，出台了一系列新规定、新制度，为加强湿地保护和修复、合理利用湿地等提供了法律遵循和法治保障。2023年，江西省启动了《条例》的修订，新修订的《条例》于2024年9月26日经江西省第十四届人民代表大会常务委员会第十一次会议通过，自2025年1月1日起施行，《决议》同时废止。

《条例》认真贯彻习近平生态文明思想和习近平法治思想，依据《湿地保护法》对2019年修正的《条例》作了适当的修订。新修订的《条例》完善了湿地面积总量管控、湿地名录、湿地生态修复、鄱阳湖湿地保护等重要制度，进一步明晰了林业、自然资源、水行政、生态环境、农业农村、城市湿地管理部门之间的管理职责，既维护了法制统一性，又为江西省湿地保护工作的高质量持续推进奠定了坚实的法治基础。

一、典型案例分析

(一)A公司擅自占用、填埋重要湿地案

【基本案情】

2022年10月至2023年1月,A公司在建设京港高速铁路九江至南昌段修河特大桥项目中,为便于桥梁施工,擅自建设工棚等建筑物;同时,A公司未经林业主管部门审核同意,在Y县修河北岸D乡E村、修河南岸F乡G村湿地区域施工,占用国家重要湿地面积1 230平方米;填埋自然湿地总面积3 771平方米,其中省级重要湿地内自然湿地面积1 256平方米,一般湿地内自然湿地面积2 515平方米,对湿地资源造成了较大破坏。

【案件结果】

2023年2月,Y县林业局依法对A公司擅自占用、填埋自然湿地的行为进行查处:一是责令该公司在项目竣工后,拆除非法占用湿地上的建筑物和其他设施,修复湿地或者采取其他补救措施;二是对擅自占用国家重要湿地1 230平方米的违法行为处以每平方米2 000元的罚款,计2 460 000元罚款;三是对擅自填埋省级重要自然湿地1 256平方米的违法行为处以每平方米1 000元的罚款,对擅自填埋一般自然湿地2 515平方米的违法行为处以每平方米500元的罚款,计2 513 500元罚款。总共缴纳4 973 500元罚款。

【案件评析】

《条例》第十七条第一款　禁止占用国家重要湿地,确需占用的,按照国家有关规定执行。严格控制占用其他湿地。除国家重大项目、省重大项目、防灾减灾项目、重要水利及保护设施项目、重要交通及附属设施项目和科研监测、湿地保护项目,以及无法避让

且符合县级以上国土空间规划的线性基础设施建设项目外，不得占用省级重要湿地。

《湿地保护法》第五十二条　违反本法规定，建设项目擅自占用国家重要湿地的，由县级以上人民政府林业草原等有关主管部门按照职责分工责令停止违法行为，限期拆除在非法占用的湿地上新建的建筑物、构筑物和其他设施，修复湿地或者采取其他补救措施，按照违法占用湿地的面积，处每平方米一千元以上一万元以下罚款；违法行为人不停止建设或者逾期不拆除的，由作出行政处罚决定的部门依法申请人民法院强制执行。

第五十四条第一款　违反本法规定，开(围)垦、填埋自然湿地的，由县级以上人民政府林业草原等有关主管部门按照职责分工责令停止违法行为，限期修复湿地或者采取其他补救措施，没收违法所得，并按照破坏湿地面积，处每平方米五百元以上五千元以下罚款；破坏国家重要湿地的，并按照破坏湿地面积，处每平方米一千元以上一万元以下罚款。

湿地蕴藏着丰富的自然资源，具有多种生态功能，在保护生态环境、保持生物多样性以及经济社会发展中，具有不可替代的重要作用。本案中涉案企业在项目施工中，未经审核同意，擅自在湿地内建设建筑物、填埋湿地，这些行为导致湿地被破坏。Y县林业局执法人员在例行执法巡查过程中发现了问题，依法制止违法行为，对违法主体进行处罚并要求其修复湿地。及时有效地保护湿地，对维护生态平衡、改善生态状况、实现人与自然和谐、促进经济社会可持续发展，具有十分重要的意义。

(二)A县某局非法占用省级湿地公园案

【基本案情】

2025年1月，A县林业局工作人员在日常巡查时发现，A县某局在实施河湖水系生态保护与综合治理工程 PPP 项目过程中，未依法征求有关林业主管部门意见，擅自占用某省级湿地公园内省级重要湿地 1 260 平方米，对湿地资源造成了破坏。

【案件结果】

发现该情况后，A 县林业局立即制止该违法行为并依法进行处理。2025 年 3 月，A 县林业局依据《条例》第五十五条规定，责令 A 县某局停止违法行为，并采取相应补救措施，对擅自占用1 260 平方米省级重要湿地的违法行为处以每平方米 1 000 元的处罚，共计罚款人民币 1 260 000 元整。

【案件评析】

《条例》第五十五条　违反本条例规定，建设项目擅自占用省级重要湿地的，责令停止违法行为，限期拆除在非法占用的湿地上新建的建筑物、构筑物和其他设施，修复湿地或者采取其他补救措施，并按照违法占用湿地的面积，处每平方米六百元以上六千元以下罚款；违法行为人不停止建设或者逾期不拆除的，由作出行政处罚决定的部门依法申请人民法院强制执行。

湿地具有重要的生态功能。本案中，A 县某局出于工程建设需要，未依法征求有关林业主管部门意见，擅自占用省级湿地公园内省级重要湿地，破坏了湿地的生态环境，违反了《条例》规定，构成擅自占用省级重要湿地的违法行为。本案警示，在进行各类建设活动时，必须严格遵守法律法规，提前做好规划和评估，采取必要的生态保护措施，尽量减少对湿地生态环境的影响。同时，相关部门应当加大对湿地保护的监管力度，加大对违法占用湿地行为的打击力度，确保湿地资源得到有效保护。

(三)某村民违法种植有碍湿地功能林木案

【基本案情】

A县B乡某村民在鄱阳湖湿地范围内种植杨树1 000余株。A县水利局发现后,认定其行为对湿地生态功能造成破坏,遂向该村民下达整改通知书,该村民拒不整改。

【案件结果】

A县水利局认定该村民种植的林木有碍行洪,并对湿地生态功能造成破坏,依据《中华人民共和国水法》《中华人民共和国防洪法》和《条例》等法律法规,于2025年2月会同B乡人民政府对阻碍行洪及破坏湿地生态功能的林木进行清理,并要求该村民承担相关费用。

【案件评析】

《中华人民共和国水法》第六十六条第一项　有下列行为之一,且防洪法未作规定的,由县级以上人民政府水行政主管部门或者流域管理机构依据职权,责令停止违法行为,限期清除障碍或者采取其他补救措施,处一万元以上五万元以下的罚款:

(一)在江河、湖泊、水库、运河、渠道内弃置、堆放阻碍行洪的物体和种植阻碍行洪的林木及高秆作物的;

《中华人民共和国防洪法》第五十五条第三项　违反本法第二十二条第二款、第三款规定,有下列行为之一的,责令停止违法行为,排除阻碍或者采取其他补救措施,可以处五万元以下的罚款:

(三)在行洪河道内种植阻碍行洪的林木和高秆作物的。

《条例》第三十九条第一款　鄱阳湖湿地区域人民政府应当加强鄱阳湖湿地区域水土保持、湿地植被保护与恢复。禁止在鄱阳湖湿地区域种植有碍湿地功能的植物。

第五十九条　违反本条例规定,在鄱阳湖湿地区域种植有碍湿地功能林木的,责令停止违法行为,限期恢复原状。

湿地作为重要的生态系统，蕴含着丰富的生物多样性，对维护生态平衡至关重要。本案中，该村民在鄱阳湖湿地范围内种植杨树，不仅有碍行洪，而且造成湿地生态功能损害，违反了相关法律法规规定。本案警示，公民有保护湿地的义务，不得破坏湿地生态环境，应树立正确的生态价值观，尊重自然、顺应自然、保护自然。同时，相关部门要加强对湿地周边居民和从业者的宣传，增强他们的法律意识，从源头上减少违法行为的发生。

(四)B市C区人民检察院督促整治鄱阳湖地笼破坏湿地环境行政公益诉讼案

【基本案情】

鄱阳湖是越冬候鸟的重要栖息地。2022年11月，因长期干旱，鄱阳湖水位急剧下降，沉积在湖底的地笼裸露出水面。地笼是一种隐蔽性强、破坏性大的捕鱼工具，其网眼细小，不仅会将大小鱼类一网打尽，还会困住虾蟹等其他生物，导致生物资源急剧减少，湿地生态功能受损，威胁当地越冬候鸟的生存。经自媒体宣传发酵，“鄱阳湖地笼阵”成为社会关注热点。江西省人民检察院高度重视，组织环鄱阳湖地区检察机关摸排相关案件线索，并派专人到现场查看情况，进行督办。

【案件结果】

2022年11月11日，C区人民检察院对区农业农村局、区生态环境局、D乡人民政府立案，11月25日对E乡人民政府立案。11月15日，C区人民检察院召集相关单位磋商，达成整治沉积地笼共识并形成会议纪要，确定了行动方案。相关行政机关随即开展了为期2个月的“四清四无”联合专项行动，出动执法人员260余人次、工作人员上千人次，清理废弃网具超4 000部、沉积地笼逾万米，查获销毁违法捕捞船24艘。之后，为恢复湖区生态环境，B市检察机关联合有关单位,利用生态环境损害赔偿金开展增殖放流活动,向受损湖区投放鱼苗25万尾。

为增强监督效果,C区人民检察院积极做好公益诉讼与刑事检察线索移送和办案衔接,通过B市检察机关分别向市公安局、市纪委监委移送犯罪线索。截至2023年3月,刑事立案6件,对其中3件非法捕捞案件启动刑事附带民事公益诉讼程序。

【案件评析】

《湿地保护法》第三十条第二款　禁止在以水鸟为保护对象的自然保护地及其他重要栖息地从事捕鱼、挖捕底栖生物、捡拾鸟蛋、破坏鸟巢等危及水鸟生存、繁衍的活动。开展观鸟、科学研究以及科普活动等应当保持安全距离,避免影响鸟类正常觅食和繁殖。

《条例》第四十二条　每年10月1日至翌年3月31日为鄱阳湖候鸟越冬期。候鸟越冬期间,鄱阳湖湿地区域县级以上人民政府林业、公安、农业农村等部门以及湿地有关自然保护地管理机构,应当强化候鸟保护巡护监测、疫源疫病防控等措施,加大候鸟栖息和觅食环境保护力度。

第六十一条　违反国家规定造成湿地生态环境损害的,国家规定的机关或者法律规定的组织有权依法请求侵权人承担侵权责任。检察机关等法律规定的机关和有关组织可以依法提起湿地生态环境损害公益诉讼。

保护候鸟及水生动物,对维护湿地生态安全有着十分重要的意义。鄱阳湖属于长江流域禁渔禁捕重点水域,不得从事生产性渔业捕捞活动,且地笼已被国家列为明令禁止使用的渔具,本案中鄱阳湖地笼的存在威胁着候鸟及其他水生生物的生存、繁衍活动和生命安全,其使用侵害了社会公共利益。本案警示,社会公众要自觉遵守法律法规,关注湿地保护,关注候鸟和水生动物及它们的生存环境的保护。同时,检察机关应通过履行行政公益诉讼职能,积极督促有关行政机关履职尽责,形成湿地大保护格局。

二、重点知识解读

（一）《条例》概述

2024 年《条例》修订为秉承生态文明理念，做好与《湿地保护法》的衔接，对原《条例》的章节进行了调整，由原来的五十二条增加到六十四条，分为“总则”“湿地资源管理”“湿地保护”“利用和修复”“鄱阳湖湿地保护的特别规定”“保障与监督”“法律责任”和“附则”七章。修订后的《条例》进一步明确了湿地保护部门的职责划分、湿地保护管理制度、湿地保护要求、湿地生态修复、鄱阳湖湿地保护、保障监督机制以及湿地占用的法律责任等方面的内容。《条例》自 2025 年 1 月 1 日起施行，为保护大美赣鄱湿地提供更加坚实的法治保障。

（二）《条例》修订的目的和意义

湿地，被誉为“地球之肾”，是保障国家生态安全和经济社会可持续发展的重要战略和稀缺资源。江西作为长江中下游传统的鱼米之乡，湿地分布广泛、类型多样，总面积约 127 万公顷。五河一江一湖，以水为媒，交织串联，形成极具特色的河网-湖泊复合湿地生态系统，尤以鄱阳湖湿地最具代表性。鄱阳湖不仅是东亚地区最大的候鸟越冬地，也是国际社会公认的“候鸟王国”，而且湖区的两处湿地被认定为国际重要湿地。南昌市和九江市还获得“国际湿地城市”认证。开展《条例》修订工作既是贯彻落实习近平生态文明思想和习近平法治思想的具体行动，也是维护国家法治统一的必然要求，更是解决湿地保护堵点难点、提升江西省湿地保护水平的现实需要。

(三)《条例》修订的背景和过程

党的十八大以来,以习近平同志为核心的党中央高度重视湿地保护工作,把湿地保护纳入生态文明建设的战略部署。2021 年 12 月 24 日第十三届全国人民代表大会常务委员会第三十二次会议通过《湿地保护法》。

江西省是全国较早制定省级湿地保护条例的省份,早在 2003 年 11 月 27 日就通过了《江西省鄱阳湖湿地保护条例》,2012 年 3 月 29 日通过了《条例》,为加强江西省湿地保护发挥了重要作用,为国家湿地保护立法作了先行探索。其率先在地方立法中确立的湿地分级管理、重要湿地名录管理、湿地保护地建设、湿地征占用管理、湿地生态补偿和城区湿地的保护等制度为国家湿地保护立法提供了有益借鉴。但是,随着经济社会的快速发展、气候变化及部门职能转变等,湿地保护工作还面临着部门职责不清、湿地保护管理与地方发展矛盾、湿地生态系统安全风险增加等问题,特别是近年来极端气候频发,鄱阳湖持续干旱,湿地基本生态用水得不到保障,导致湿地生态系统遭受破坏。新形势对江西省湿地保护管理工作提出了新要求,加之江西省《条例》的一些重要内容与《湿地保护法》不相一致,如湿地面积总量管控、生态修复、绩效评价等内容缺少,湿地定义、法律责任等与《湿地保护法》不一致等。《条例》的局限性越来越多地暴露出来,亟须修改完善。因此,《条例》修订被列入了江西省 2024 年立法计划。

为确保立法质量,省林业局组织专班起草《条例》修订草案,并多次征求相关部门意见;省司法厅、省人大环资委、省人大常委会法工委等开展了调研、论证和修改。2024 年 9 月 26 日,《条例》由江西省第十四届人民代表大会常务委员会第十一次会议审议通过,自 2025 年 1 月 1 日起施行。

(四)《条例》重要条款解读

1.湿地的定义

《条例》第二条第二款　本条例所称湿地,是指具有显著生态功能的自然或者人工的、常年或者季节性积水地带、水域,但是水田以及用于养殖的人工的水域和滩涂除外。湿地实行分级管理及名录制度。

《条例》所指湿地,主要包含以下内容:

一是通过定性加列举的方式定义湿地,明确湿地是具有显著生态功能的自然或者人工的、常年或者季节性积水地带、水域,涵盖自然形成的湿地,如沼泽、河流、湖泊等,以及一些人工湿地,如库塘、沟渠等。《条例》着眼于生态系统的整体性和系统性,重点强调了湿地和水的共生关系。

二是与2019年《条例》相比,此次修订按照《湿地保护法》规定,将水田以及用于养殖的人工水域和滩涂排除在外。

2.湿地保护管理的职责划分

《条例》第四条　县级以上人民政府对本行政区域内的湿地保护负责,将湿地保护纳入国民经济和社会发展规划,加强湿地保护协调工作,研究解决湿地保护工作中的重大问题,加大湿地保护投入,将开展湿地保护工作所需经费按照财政事权与支出责任划分原则列入本级财政预算。

乡镇人民政府、街道办事处组织群众做好湿地保护相关工作;村民委员会、居民委员会依法予以协助。

第五条　县级以上人民政府林业主管部门负责本行政区域内湿地资源的监测、评估和预警等监督管理,负责湿地保护规划的编制和组织实施,湿地开发利用的监督管理,重要湿地和自然保护地及陆生野生动物重要栖息地范围内湿地的保护、修复和管理有关工作,会同有关部门加强湿地保护协作和信息共享,推进跨区域湿地保护协作和交流。

县级以上人民政府自然资源主管部门负责本行政区域内湿地资源调查评价、确权登记和涉及湿地的农用地、未利用地转用方案拟定等工作。

县级以上人民政府水行政主管部门负责本行政区域内河流、湖泊范围内湿地的保护、修复和管理有关工作。

县级以上人民政府确定的城市湿地管理部门(以下简称城市湿地管理部门)负责本行政区域内城市湿地的保护、修复和管理有关工作。

县级以上人民政府生态环境主管部门负责本行政区域内湿地的污染防治等工作。

县级以上人民政府农业农村主管部门负责本行政区域内湿地的生态农业发展等工作。

县级以上人民政府发展改革、公安、财政、交通运输、文化旅游、卫生健康等部门,按照各自职责做好湿地保护相关工作。

湿地类型自然保护区、湿地公园以及有湿地分布的其他自然保护地管理机构(以下统称湿地有关自然保护地管理机构),按照职责负责其管理范围内的湿地保护工作,实施湿地保护规划,开展湿地巡查管护、资源监测、科学研究、宣传教育等活动。

湿地保护涉及多部门协作,是一项系统工程,需要政府组织协调,部门分工配合,形成齐抓共管的治理格局,《条例》规定:

一是进一步压实政府责任。明确县级以上人民政府对本行政区域内的湿地保护负责,加强湿地保护协调工作,研究解决湿地保护工作中的重大问题,按照财政事权与支出责任划分原则加大湿地保护投入。要求各级政府林业主管部门编制本行政区域内湿地保护规划。规定了乡镇人民政府等的保护职责。同时,《条例》第四十七条还规定了县级以上人民政府应当逐步建立健全湿地生态保护补偿机制。

二是进一步明确部门责任。《条例》构建了林业主管部门综合协调、相关部门分工负责的保护管理体制。《条例》明确规定了林业主管部门的监督管理职责，自然资源、水行政、城市湿地管理、生态环境、农业农村等主管部门的相应职责，形成湿地保护合力，确保实现湿地保护修复的目标任务。

三是建立协作机制。2014 年，经省政府批准，成立了由省级林业主管部门主要领导任组长，林业、水利、农业农村、自然资源、住房城乡建设、生态环境等相关部门为成员的江西省湿地保护综合协调小组，协同推进湿地保护修复工作。2023 年 6 月，经省政府同意，江西省湿地保护综合协调小组新增了 5 个成员单位，成员单位总数达到 16 个。协调小组办公室同步印发《江西省湿地保护综合协调小组工作规则》，进一步明确了协调小组及各成员单位的职责。目前，全省各市、县均参照省级做法建立了湿地保护协调机制。健全完善协调机制，有利于协同解决保护工作中遇到的重大问题，形成湿地保护的强大合力。

3. 实行湿地面积总量管控和目标责任制度

《条例》第十条　省人民政府林业、自然资源主管部门会同有关部门根据国务院批准的全省湿地面积总量管控目标，确定各设区的市湿地面积总量管控目标，报省人民政府批准。

设区的市人民政府根据省人民政府批准的湿地面积总量管控目标，确定各县(市、区)湿地面积总量管控目标。

各级人民政府应当采取有效措施，落实湿地面积总量管控目标的要求。

因实施水利水电、航运枢纽、矿山生态修复以及其他建设或者生态修复项目新增的湿地面积，可以用于补充减少的湿地面积。

第五十条　县级以上人民政府应当建立湿地保护目标责任制，将湿地保护纳入本级人民政府综合绩效评价和林长制、河长制湖长制考核内容。

对破坏湿地问题突出、保护工作不力、群众反映强烈的地区，省人民政府林业主管部门应当会同有关部门约谈该地区人民政府主要负责人。

近年来，江西省湿地保护、修复工作取得显著成效。全省共建立湿地类型及以湿地动植物为主要保护对象的自然保护区 23 处，总面积为 26.83 万公顷；建立省级以上湿地公园 109 处，总面积 15.15万公顷；认定省级以上重要湿地 56 处，总面积 18.67 万公顷。通过设立自然保护区、湿地公园、重要湿地，全省主要江河源头和大型湖泊、水库以及绝大部分水鸟重点栖息区域都得到有效保护，全省湿地保护率达 61.99%。但是，湿地资源被非法侵占、围(开)垦等问题仍然存在，江西省湿地面积总量管控压力依然较大。《条例》规定：

一是实行湿地面积总量管控制度。2015 年，《中共中央 国务院关于加快推进生态文明建设的意见》明确提出“湿地面积不低于 8 亿亩”的目标。2016 年，国务院办公厅印发的《湿地保护修复制度方案》提出“严格湿地用途监管，确保湿地面积不减少”的总体要求。为认真落实国家管控要求，实现稳定湿地面积总量不减少的目标，2021 年，江西省在全国率先启动湿地资源运营机制改革试点工作，并将试点的成功经验上升为法律规范，规定省、设区的市人民政府根据上一级政府批准确定的湿地面积总量管控目标，确定下一级行政区域的湿地面积总量管控目标。全省充分考虑了地区间资源禀赋、发展目标、建设任务存在差异的客观事实，同时创造性提出了“省级定额、市县动态调整”的新思路，在保证全省湿地面积总量不减少的前提下，允许跨县域调剂湿地面积，较好地缓解了经济建设活跃地区的湿地面积总量管控压力。

二是实行湿地保护目标责任制。目标责任制是行政机关提升绩效的重要动力机制。自 2016 年国家开始实行湿地保护目标责任制以来，为压实地方人民政府的保护责任，江西省将湿地保护纳入市、县人民政府综合绩效评价和林长制、河湖长制考核内容，并将湿地面积总量管控作为湿地目标责任制的核心内容，依法督促政府履职。

4. 实行湿地分级管理和名录制度

《条例》第十二条　湿地依法实行分级管理，按照生态区位、面积以及维护生态功能、生物多样性的重要程度，分为国家重要湿地、省级重要湿地和一般湿地。重要湿地依法划入生态保护红线。

国家重要湿地名录按照国家有关规定执行。

省级重要湿地名录由县级以上人民政府逐级向省人民政府林业主管部门提出申请，省人民政府林业主管部门会同自然资源、水行政、住房城乡建设、生态环境、农业农村等部门审核申报材料、开展现场勘察、组织专家论证后进行认定，报省人民政府同意后，由省人民政府林业主管部门发布并报国务院林业草原主管部门备案。

一般湿地名录由县级以上人民政府林业主管部门会同自然资源、水行政、城市湿地管理、生态环境、农业农村等部门进行认定，报本级人民政府同意后，由林业主管部门发布并报上一级人民政府林业主管部门备案。

湿地分级管理和名录制度是保护好江西省湿地资源的重要举措。江西省早在 2012 年版《条例》制定时，就确立了湿地分级管理和名录制度。湿地分级管理明确了县级以上人民政府在湿地保护中的职责，有利于规范湿地资源的保护和合理利用，较好地协调了湿地保护与经济发展之间的关系，促进了湿地生态系统的可持续发展。同时，湿地名录制度的建立，使得湿地资源的管理更加规范化、科学化，有助于加强对湿地的监管和监测，及时发现和解决湿地保护中存在的问题。《条例》对《湿地保护法》的规定予以了完善和规范。

一是湿地分级管理制度。湿地分级管理依据生态区位、面积以及维护生态功能、生物多样性的重要程度,将湿地划分为重要湿地和一般湿地,其中重要湿地包括国家重要湿地(含国际重要湿地)和省级重要湿地,重要湿地以外则为一般湿地。所有的重要湿地均需依法纳入生态保护红线范围进行管理。目前,全省共认定省级以上重要湿地 56 处,总面积 18.67 万公顷。

二是湿地名录制度。依据《湿地保护法》规定,《条例》立足于江西省湿地保护管理的实际需求,细化了省级重要湿地和一般湿地名录的认定、发布程序,并明确了名录的申请、发布主体:

(1)省级重要湿地的认定,需由县级以上人民政府逐级向省人民政府林业主管部门提出申请,省人民政府林业主管部门会同自然资源、水行政、住房城乡建设、生态环境、农业农村等部门审核申报材料、开展现场勘察、组织专家论证后进行认定,报省人民政府同意后发布名录,并报国务院林业草原主管部门备案。

(2)一般湿地由县级以上人民政府林业主管部门会同自然资源、水行政、城市湿地管理、生态环境、农业农村等部门进行认定,报本级人民政府同意后,由林业主管部门发布并报上一级人民政府林业主管部门备案。一般湿地的保护措施不及重要湿地严格,但仍需要加强保护管理,以维持其生态功能。

5. 实行湿地占用和重要湿地恢复费制度

《条例》第十七条　禁止占用国家重要湿地,确需占用的,按照国家有关规定执行。严格控制占用其他湿地。除国家重大项目、省重大项目、防灾减灾项目、重要水利及保护设施项目、重要交通及附属设施项目和科研监测、湿地保护项目,以及无法避让且符合县级以上国土空间规划的线性基础设施建设项目外,不得占用省级重要湿地。

建设项目规划选址、选线审批或者核准时，涉及省级重要湿地或者一般湿地的，应当征求发布湿地名录的林业主管部门的意见；涉及城市湿地和河流、湖泊范围内湿地的，还应当按照管理权限分别征求有关城市湿地管理部门、水行政主管部门的意见。

县级以上人民政府自然资源主管部门拟定涉及湿地的农用地、未利用地转用方案时，涉及重要湿地的，应当征求省人民政府林业主管部门意见；涉及一般湿地的，应当征求发布湿地名录的林业主管部门意见。

建设项目确需临时占用湿地的，按照国家有关规定办理。

第十八条　除因防洪、航道、港口或者其他水工程占用河道管理范围及蓄滞洪区内的湿地外，经依法批准占用重要湿地的单位应当根据当地自然条件恢复或者重建与所占用湿地面积和质量相当的湿地；没有条件恢复、重建的，应当按照国家有关规定缴纳湿地恢复费。缴纳湿地恢复费的，不再缴纳其他相同性质的恢复费用。

经依法批准占用一般湿地的，由所在地县级人民政府按照湿地面积总量管控的要求，通过协商或者市场机制，异地恢复、重建与所占用湿地面积和质量相当的湿地。

县级以上人民政府林业主管部门负责监督有关单位恢复、重建湿地。

湿地占用是当前导致湿地面积减少的主要原因之一，自 2012 年起，江西省实行了占用重要湿地审批制度，这是落实湿地面积总量管控制度的关键手段，有效遏制了重要湿地的流失。为了全面保护湿地，国家严格控制占用湿地。同时，考虑到江西省经济社会发展的现实需要和湿地保护的实际需求，《条例》规定：

一是严格控制占用湿地和实行占用征求意见制度。依据《湿地保护法》规定，建设项目应该不占用或者少占用湿地，确实需要临时占用湿地的，按照国家有关规定执行。另外，《条例》修订时，将占用重要湿地审批制度调整为征求意见制度，这并不意味着湿地占用管理有所放松，而是着眼于从项目入手进行严格管控。《条例》进一步明确除国家（省）重大项目、防灾减灾项目、重要水利及保护设施项目、重要交通及附属设施项目和科研监测、湿地保护项目，以及无法避让且符合县级以上国土空间规划的线性基础设施建设项目外，不得占用省级重要湿地。建设项目涉及省级重要湿地或者一般湿地的，在规划选址、选线审批或者核准时就应当征求发布湿地名录的林业主管部门的意见，涉及城市湿地和河流、湖泊范围内湿地的，还应当按照管理权限分别征求有关城市湿地管理部门、水行政主管部门的意见。同时，《条例》要求在批准占用阶段，自然资源主管部门在拟定涉及湿地的农用地、未利用地转用方案时，涉及重要湿地的，应当征求省人民政府林业主管部门意见；涉及一般湿地的，应当征求发布湿地名录的林业主管部门意见。林业等部门在建设项目规划选址和选线阶段提前介入，能有效避免后续审批环节的被动调整，从而提高行政效率。

二是实行占用重要湿地恢复费制度。江西省 2012 年制定的《条例》第三十三条规定“对依法占用湿地和利用湿地资源的，按照国家有关规定收费，用于湿地生态保护”。由于国家未出台相应的收费标准，致使该条款未得到有效落实。《湿地保护法》第二十一条借鉴并确立了这一制度。新修订的《条例》规定经依法批准占用重要湿地的单位应当恢复或者重建与所占用湿地面积和质量相当的湿地，没有条件恢复、重建的，应缴纳湿地恢复费。财政部、国家林草局于 2024 年 4 月 29 日联合印发了《湿地恢复费缴纳和使用管理暂行办法》，对湿地恢复费的缴纳标准进行了明确规定。2024 年 8 月 23 日，江西省印发《江西省财政厅 江西省林业局关于明确湿地恢复费有关事项的通知》，首次明确了江西省湿地恢复费缴纳标准，并于 9 月 24 日征收了首笔5.037 万元湿地恢复费。

三是实行一般湿地占补平衡协商或者市场机制制度。为了落实湿地面积总量管控目标，江西省从2021年开始在全国首推湿地资源运营机制改革，实现了湿地利用占补总体平衡，既保证了项目的建设进度，又缓解了发展与保护的矛盾。

6. 实行湿地修复制度

《条例》第三十三条　修复湿地应当坚持自然恢复为主，自然恢复和人工修复相结合的原则，因地制宜采取水体治理、水系连通、土地整治、植被恢复、动物保护、退养还湿、生态补水、外来入侵物种防治等措施，恢复湿地面积和生态功能。

第三十四条　修复重要湿地应当编制湿地修复方案。湿地修复方案应当与长江流域河湖水系连通修复方案等相衔接。

重要湿地修复方案，由所在地县级以上人民政府林业主管部门报省人民政府林业主管部门批准。省人民政府林业主管部门在批准修复方案前，应当组织现场勘察、专家论证，并征求发展改革、财政、自然资源、水行政、住房城乡建设、生态环境、农业农村等部门意见。对国家重要湿地修复方案编制、备案和报批，国家另有规定的，从其规定。

第三十五条　修复重要湿地应当按照经批准的湿地修复方案进行修复。

重要湿地修复完成后，应当经省人民政府林业主管部门验收合格，并依法公开修复情况。验收不合格的，由省人民政府林业主管部门责令限期整改。省人民政府林业主管部门应当加强修复湿地后期管理和动态监测，并根据需要开展修复效果后期评估。对国家重要湿地修复后的验收，国家另有规定的，从其规定。

一般湿地修复完成后，应当及时报所在地县级以上人民政府林业等部门验收。

第三十六条　各级人民政府应当按照省有关规定因地制宜加强面积在八公顷以下的小微湿地建设与保护，开展退化小微湿地修复，改善和提升小微湿地生态功能。

湿地修复旨在降低和消除湿地退化的威胁，恢复湿地原有功能和价值。依据《湿地保护法》规定，湿地修复应当坚持自然恢复为主、自然恢复和人工修复相结合的原则，新修订的《条例》对此予以了细化和完善。

一是细化湿地修复的主要措施。《条例》坚持系统治理理念，结合《湿地退化评估技术规范》和《湿地生态修复技术规程》，统筹考虑水陆、动植物、结构与功能关系，规定通过采取水体治理、水系连通、土地整治、植被恢复、动物保护、退养还湿、生态补水、外来入侵物种防治等措施开展湿地修复。

二是明确重要湿地修复应当编制湿地修复方案。编制湿地修复方案可以提升重要湿地修复的针对性，更加系统、科学合理地开展湿地修复工作。《条例》规定了重要湿地修复方案编制及报批要求，有利于保障重要湿地修复的成效。截至 2024 年年底，江西省已有 18 个省级及以上重要湿地修复方案完成编制并经过审查。其中，《江西鄱阳湖国际重要湿地修复方案》《江西鄱阳湖南矶国际重要湿地修复方案》已依法报国家林草局审核审批。

三是规定湿地修复的验收程序。《条例》在《湿地保护法》的基础上提出了湿地修复的验收要求。国家重要湿地和省级重要湿地修复完成后，应当经省级以上人民政府林业主管部门验收合格，并依法公开修复情况。一般湿地修复完成后，应当及时报所在地县级以上人民政府林业等部门验收。

四是加强小微湿地修复。小微湿地是指自然界在长期演变过程中形成的面积在八公顷以下的小型、微型湿地，它们有着较稳定的生态系统，如小湖泊、河湾、池塘、坑池、沟渠等。修复小微湿地是维护生态平衡、提升人类福祉的有力举措。植被恢复、水文连通等修复手段，可以实现社会、生态、经济等多重效益。为了突出小微湿地修复重点,《条例》要求各级人民政府应当因地制宜加强小微湿地建设与保护,开展退化小微湿地修复工作。

三、热点问题聚焦

(一)关于湿地保护和利用的关系

湿地生态系统具有调节气候、涵养水源、净化水质、调蓄洪水和维持生物多样性等重要功能,与人类的生存、繁衍、发展息息相关。在社会发展的进程中,生产力的不断发展与生态承载力的有限性之间存在不断拉锯的紧张关系,需要平衡好湿地的保护与利用。湿地保护与利用应当坚持生态优先、绿色发展。江西省深入践行绿水青山就是金山银山的理念,探索出了湿地保护与利用双赢的发展新路径。江西省主要从以下几个方面进行破解:

一是加大湿地保护管理。自2019年起,江西省坚持每年定期开展湿地保护专项行动,集中力量打击毁湿开垦、工程项目非法侵占湿地等违法违规行为,查处了一批典型案件,有力打击了毁湿占湿的不法行为,起到了良好的警示教育效果。通过湿地保护专项行动,全省共恢(修)复各类湿地和湿地公园土地1.6万余亩,湿地生态环境得到有效保护和改善。另外,江西省指导婺源饶河源国家湿地公园管理机构与当地村集体就加强蓝冠噪鹛栖息地保护达成协议,并办理全国首本湿地公园地役权证,妥善处理好了蓝冠噪鹛栖息地保护与农村经济组织发展的关系。

二是落实湿地面积总量管控要求。江西省融合第三次全国国土调查数据与第二次全国湿地资源调查数据,建立以第三次全国国土调查数据为统一底版的湿地资源数据库,摸清全省现有湿地情况;明确湿地面积总量管控目标,将湿地面积总量管控目标分解到市、县两级,实行省级定额、市县动态调整的管理制度;压实湿地面积总量管控责任,将湿地面积作为重要指标,纳入综合考核、林长制、河湖长制等考核评价以及领导干部离任审计指标体系,压实市、县两级党委、政府以及主要负责同志加强湿地面积总量管控的主体责任。

三是创新建立湿地资源运营机制。2021年,江西省在全国首推湿地资源运营机制改革,相关工作成效得到国家和社会各界的高度关注和认可,中央广播电视总台《焦点访谈》进行了专题报道,国家林草局以简报形式向全国林草系统予以推介。2024年4月,江西省在南丰召开全省湿地资源运营机制改革工作座谈交流会暨现场推进会,向全省推广改革经验;组织开展湿地后备资源调查,建立湿地后备资源库;完善湿地占补平衡指标交易市场规则,指导各地开展指标交易。

四是拓展湿地生态产品价值实现机制。通过完善湿地生态权益保障制度,南丰、万安等县出台权益登记管理办法,为湿地资源运营主体办理湿地生态权益抵押、项目申报等提供保障;发展湿地生态富民产业,鼓励湿地产权主体合理利用湿地资源发展水生蔬菜和观赏植物种植、农牧渔复合经营、生态旅游、自然教育等湿地生态环境友好型产业;合理分配湿地资源运营收益,建立公平合理的湿地资源运营收益分配模式,调动资源所有者、经营者等利益主体参与湿地保护修复的积极性。

(二)关于湿地生态修复

湿地修复的目的在于通过协助已退化、损害或者破坏的湿地生态系统获得改善、恢复或者重建,进而增强其自我调节、自我修复功能,维护生态平衡。对于已经受损或者破坏的湿地生态系统,由于其原有的生态平衡已打破,单独依靠自然恢复很可能无法逆转已受损的生态系统,或逆转周期长,必须借助适度的人工修复措施以快速制止损害、逆转损害,为自然恢复创造条件和环境,加快修复进程、提升修复效能。恢复湿地面积、提高湿地生态系统功能是湿地修复的主要目标。为做好湿地修复工作,江西省采取了一系列措施:

一是因地制宜开展湿地生态修复。认真落实《江西省湿地保护修复"十四五"规划》，2021 年至 2024 年，江西省争取了中央财政资金 3.1 亿余元在国际（国家）重要湿地、环鄱阳湖区域和鄱阳湖越冬候鸟重要栖息地等湿地生态功能重要区域实施湿地生态保护修复工程项目。研判鄱阳湖极枯水位常态化趋势，按照"一湖一策"开展碟形湖控水保水，巩固碟形湖生态功能，切实改善越冬候鸟栖息地生境，不断提升鄱阳湖流域湿地生态系统稳定性和多样性。

二是积极争取湿地生态修复项目。2021 年以来，省级争取中央预算内湿地生态修复项目 5 个，获得中央预算内投资 1.8 亿余元，开展国际重要湿地、国家重要湿地保护修复和江西鄱阳湖湿地生态系统监测预警平台建设，各地也推进了一批湿地生态修复项目，加快了江西省的湿地生态修复进程，提升了湿地生态修复质量和管理水平。

三是推进小微湿地生态修复。自 2020 年始，江西省在全省范围内通过奖补的方式开展小微湿地保护和利用示范点建设，引导鄱阳湖流域村镇对生态功能遭到破坏但具备恢复条件的水塘、沟渠等进行修复。同时，江西省开展小微湿地生态修复机理研究和应用评估，构建"1＋3"标准化体系，出台《小微湿地建设指南》等，充分发挥小微湿地的生态、经济和社会效益，助力美丽乡村建设。截至 2024 年年底，江西省连续 5 年投入 4 460 万元建设了 143 处小微湿地保护和利用示范点。

（三）关于湿地生态保护补偿

湿地生态保护补偿是通过对湿地生态保护者予以补偿，以弥补其因湿地生态保护而付出的成本和遭受的损失，提高其保护湿地生态系统的积极性，建设稳定健康的湿地生态系统。

近年来，随着我国保护工作的加强，鄱阳湖越冬候鸟种群数量不断增长，加之鄱阳湖枯水期延长，越冬候鸟自然食源不足，开始向稻田、藕塘等人工生境转移,“人鸟争食”矛盾突出,保护压力加大。为妥善处理好保护与人民生产生活之间的矛盾,国家和江西省相继采取了相关补偿措施。

为了做好湿地生态保护补偿工作,江西省2012年《条例》就对此作了相应的规定。自2014年起国家启动了湿地生态保护补偿试点,江西省共争取中央财政补偿资金3.75亿元,对2个国际重要湿地、2个国家重要湿地和环鄱阳湖县(市、区)因“人鸟争食”受损的耕地承包经营权人进行补偿,并实施一批社区生态修复补偿项目。2018年以来,补偿范围扩大至南昌五星白鹤保护小区、余干插旗洲“白鹤洲”、柴桑东湖青头潜鸭湿地等,缓解了湖区“人鸟争食”矛盾。2023年,中国太平洋财产保险股份有限公司和余干县林业局合作开展“候鸟越冬期耕地承包经营权人受损湿地生态补偿保险”试点,累计完成赔付39次,金额40万元。2024年,省林业局印发《江西省湿地生态保护修复项目管理办法》,按照“谁保护、谁受益”“谁受损、补偿谁”原则,进一步规范了重要湿地范围内的湿地生态保护补偿工作。

(四)关于进一步加强鄱阳湖湿地保护

鄱阳湖是全球最重要的淡水湖泊湿地生态系统和享誉世界的“珍禽王国”“候鸟乐园”,是长江江豚等珍稀濒危水生动物赖以生存且为数不多的栖息地之一。鄱阳湖还是长江干流重要的调蓄性湖泊,在长江流域中发挥着巨大的保护生物多样性和调蓄洪水等特殊生态功能,是我国重要的生态功能区,对维系区域和国家生态安全具有重要作用。

近年来,鄱阳湖流域极端天气事件频发,鄱阳湖湿地面临的威胁日益加剧。干旱、洪涝等自然灾害不仅威胁湿地生态系统的稳定,也对周边居民的生产生活造成了严重影响。同时,人为活动对鄱阳湖的干扰日益加剧,垃圾丢弃、植被破坏、草洲内擅自用火等增加了鄱阳湖湿地环境破坏的风险。尤其是驾驶机动车辆越野等活动的增加，给鄱阳湖湿地生态系统保护造成了一定威胁。进一步加强湿地保护，提高鄱阳湖湿地生态系统的自我调节能力和抗灾能力，减少人为活动干扰，对保障区域生态安全具有重要意义。为此，《条例》设立了“鄱阳湖湿地保护的特别规定”专章，对加强鄱阳湖湿地保护作出了一系列规定。江西省采取以下措施，严格落实相关规定：

一是划定鄱阳湖湿地区域范围。《条例》第三十七条第二款规定，鄱阳湖湿地区域，包括鄱阳湖丰水期水体所能覆盖的区域范围内具有调节周边生态环境功能的水域、草洲、洲滩、岛屿等，具体范围由省人民政府林业主管部门会同有关部门和鄱阳湖区域人民政府提出意见，报省人民政府确定。省林业局着手划定鄱阳湖湿地区域范围，现正在推进中。

二是严格限制开展工程建设。为保障水鸟栖息地安全和水生动物迁移洄游通道畅通，《条例》明确在鄱阳湖湿地区域内修建有关工程的，建设单位应当征求省级林业、农业农村等部门的意见。对有可能影响水鸟栖息地安全和水生动物迁移洄游通道畅通的，应当根据有关部门的意见，采取相应的补救措施，减缓不利影响，切实维护鄱阳湖湿地生态安全。

三是加强碟形湖管理。碟形湖是鄱阳湖区越冬候鸟、水生生物的重要栖息场所。《条例》规定鄱阳湖湿地区域人民政府应当加强碟形湖管理，湿地有关自然保护地管理机构应当依法对辖区内碟形湖进行控水设施修缮，以及湿地保护设施、防护沟、缓冲带建设，合理调控碟形湖水位，充分发挥碟形湖重要生态功能。为强化碟形湖保护修复，2022 年 10 月，省政府将江西鄱阳湖国家级自然保护区和江西鄱阳湖南矶湿地国家级自然保护区内 32 个碟形湖的管理权限由当地政府移交给保护区管理机构，基本理清碟形湖保护的责权利。保护区管理机构适时开展调研，按照“一湖一策”，制定控水等碟形湖管理方案。

四是做好鄱阳湖区域矮围整治。在河流湖泊范围内修筑矮围会阻隔水系连通，影响湿地生态功能。《条例》明确鄱阳湖湿地区域禁止擅自修筑矮圩、拦汊筑坝、围堰挡水。2024 年以来，针对鄱阳湖区域修筑矮围问题，江西省组织开展专项整治工作，按照“一围一策”要求进行科学评估并提出处置方案，对除具有生态、交通、灌溉、血防等特殊功能的予以保留外，其余所有矮围全线拆除至原地面高程，同时建立长效管理机制。

五是建立枯水期应急机制。近年来，鄱阳湖枯水期提前、枯水时间延长已经成为常态化趋势，导致湖区天然湿地加速退化。为维护湿地生态功能，提高湿地生态系统的稳定性和自我调节能力，《条例》要求建立鄱阳湖枯水期湿地保护应急机制，明确规定鄱阳湖星子水文站水位降至八米以下时，省人民政府水行政主管部门应当加强水资源应急监测和调度，保障湿地“含水量”；省人民政府林业主管部门应当组织开展鄱阳湖湿地和水鸟应急保护；省人民政府农业农村主管部门应当组织开展鄱阳湖长江江豚等珍贵、濒危水生野生动物应急监测，划定并公布重点保护水域；设区的市交通运输主管部门应当对通航的重点保护水域实行船舶限航限速管理。2022 年，为积极应对极端干旱天气对鄱阳湖湿地生态系统的重大影响，江西省组织有关科研机构深入鄱阳湖区进行调研，制定《极端干旱气候下鄱阳湖湿地候鸟保护应急预案》《江西省鄱阳湖枯水位水生生物保护工作预警机制》等，指导有关机构科学应对极端气候对鄱阳湖湿地、候鸟和水生生物造成的不利影响。按照相关应急机制，2022 年，湖区实施碟形湖生态补水 610 万立方米，恢复碟形湖水体面积3 000余亩，刈割老化苔草 13 万亩，建设稻田藕田等替代食源地 11 处，面积达5 000余亩，缓解了极端干旱天气对鄱阳湖湿地带来的不利影响。

六是高标准建设鄱阳湖湿地监测平台。为实现对鄱阳湖重点湿地区域的实时监测以及对湿地生态状况不良变化的及时预警，江西省于 2023 年启动建设“江西鄱阳湖湿地生态系统监测预警平台”，建设了 100 个监控点、18 个监测站。